Pédagogie

Pratique

Magnard

www.magnard.fr

maîtriser l'Oral

cycle 2

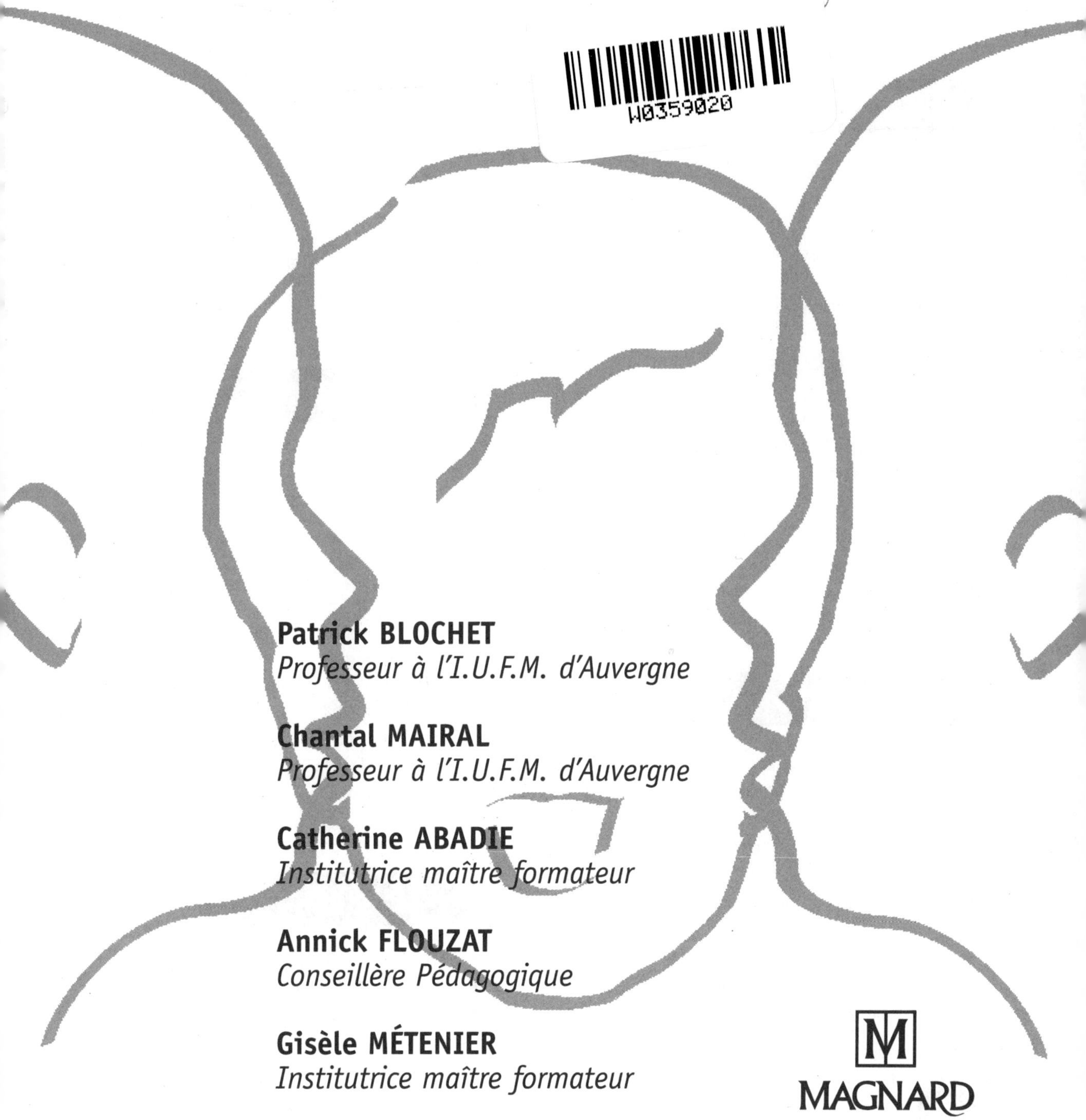

Patrick BLOCHET
Professeur à l'I.U.F.M. d'Auvergne

Chantal MAIRAL
Professeur à l'I.U.F.M. d'Auvergne

Catherine ABADIE
Institutrice maître formateur

Annick FLOUZAT
Conseillère Pédagogique

Gisèle MÉTENIER
Institutrice maître formateur

MAGNARD

Mode d'emploi

Le dialogue

L'interview et l'enquête

Le récit oral

L'exposé

Le débat

Jeux oraux

situations immédiates de communication

Jeux oraux

situations non immédiates de communication

Jeux oraux

situations de communication sans rapport avec la réalité

Les projets

Annexes à photocopier

Introduction

Cet ouvrage occupe dans la collection *Maîtriser l'oral* une place centrale puisque c'est le deuxième maillon d'une chaîne qui va du cycle 3 au cycle 1, tentant de montrer que l'oral peut aussi s'apprendre et permettant de mettre en place un enseignement structuré dans ce domaine à tous les niveaux de l'école élémentaire et maternelle. Il présente en effet des moyens à mettre en œuvre pour développer les compétences langagières des élèves au cycle des apprentissages fondamentaux.
Cette collection s'appuie sur des théories récentes issues des travaux de linguistes, psychologues, philosophes du langage et didacticiens. Les enseignants désireux de connaître les soubassements théoriques du présent ouvrage ou de compléter leur formation dans le domaine de l'oral trouveront dans le guide Magnard *Maîtriser l'oral* les informations nécessaires à ce sujet.

Plusieurs principes en ont guidé la conception.

Premier principe

Tout d'abord il s'agissait de proposer aux enseignants de cycle 2 un outil pouvant les aider à enseigner l'oral, conforme aux instructions officielles, en particulier aux programmes de 1995. Ces derniers nous invitent en effet à mettre en place des activités concernant le fonctionnement de la langue orale « *plus structurées qu'au cycle des apprentissages premiers et commencées dès la grande section de l'école maternelle* ». Il y est précisé en outre que « *L'enseignement devra concourir, dans toutes les activités qu'offre la classe, à transmettre une information, à faire raconter, décrire, exposer un point de vue, questionner ou demander des explications et formuler des commentaires en organisant son propos* ».

Deuxième principe

Ensuite, dans un souci de cohérence et de continuité entre les cycles, il convenait de montrer comment emprunter les pistes ouvertes dans l'ouvrage *Pédagogie Pratique cycle 3* et commencer à construire certaines compétences langagières, indispensables pour une bonne maîtrise de la langue. On ne s'étonnera donc pas de trouver dans le présent ouvrage, comme dans celui du cycle 3, un travail sur les types d'oraux et les jeux oraux. Une priorité a été accordée aux situations d'interaction langagière telles que le dialogue, l'interview ou le débat car, comme le montre Catherine Kerbrat-Orecchioni, « *l'exercice de la parole, loin d'être simplement une forme d'expression de la pensée, est une pratique collective où les différents participants mettent en œuvre un ensemble de procédés leur permettant d'assurer conjointement la gestion du discours produit* ». (*Les interactions verbales*, tome 1, Armand colin). Toutefois le discours monogéré tel que l'exposé ou le récit oral a également été retenu.
De même une continuité au niveau de la démarche a été recherchée. Cette démarche d'appropriation active qui met en œuvre un « *exercice raisonné de l'oral comme de l'écrit* » (programmes de 1995) est celle qui est utilisée déjà par bien des enseignants dans le domaine de l'écrit. Elle met en jeu :

• **des activités métacognitives :**
- l'observation de discours de référence, rendue possible grâce à la présence d'une cassette vidéo et de scénarios qui en donnent une transcription approximative.
- la création et l'utilisation d'une fiche outils comprenant la liste des critères de fonctionnement dégagés par les élèves.

• **des activités de structuration** : visant la construction de certaines compétences (communicationnelles, textuelles et linguistiques).

• **des activités de réinvestissement** fonctionnel, ludique ou imaginaire, invitant à la création.

Troisième principe

Il s'agissait de tenir compte des spécificités du cycle concerné. Compte tenu de l'âge des élèves, de leurs sources d'intérêt, et des programmes en vigueur dans les différentes disciplines, nous avons :
- réduit ou simplifié les objectifs à atteindre lorsque ceux-ci nous apparaissaient trop ambitieux pour le cycle 2.
- restructuré la partie « jeux oraux » autour de quelques objectifs fondamentaux.
- pris en compte certains aspects ayant trait à la maîtrise de la langue évoqués dans les programmes pour l'école maternelle et concernant donc tout particulièrement le premier niveau du cycle : par exemple les activités portant sur les matériaux sonores de la langue (phonèmes, sonorités...).

Introduction

Quatrième principe

Enfin a également été recherchée pour ce cycle la souplesse d'utilisation. La plupart des activités proposées sont réalisables aux trois niveaux du cycle, moyennant quelques adaptations, surtout au niveau de l'organisation. La forme adoptée (ensemble de fiches) permet à l'enseignant de construire son enseignement à partir des outils proposés, de choisir les activités en fonction des besoins constatés, des intérêts de la classe et du niveau concerné. Les thèmes retenus dans les fiches ne sont là qu'à titre d'exemples. L'enseignant peut évidemment en choisir d'autres plus conformes aux projets de la classe, comme il peut également imaginer d'autres modalités de travail s'il le souhaite. Dans tous les cas il va sans dire qu'il ne s'agit pas à un niveau donné de refaire ce qui a été fait au niveau précédent. C'est pourquoi, comme pour tout outil destiné à un cycle, une concertation étroite entre les enseignants s'impose, gage de cohérence mais aussi d'efficacité.

Structure d'ensemble de la collection

La pédagogie pratique

Cet ouvrage constitue, nous l'avons dit page 5, le noyau central de la collection. Il s'agit de fiches à l'usage de l'enseignant, qui présentent une description précise des activités proposées dans le domaine de l'oral au cycle 2, à savoir :

– les types d'oraux (pages 16 à 89)

– les jeux oraux (pages 90 à 139)

– les projets impliquant de multiples situations de communication (pages 140 à 145)

Rigoureuses au niveau de la démarche, ces fiches n'en restent pas moins souples d'utilisation.
D'autre part, des scénarios, qui sont des transcriptions approximatives de vrais oraux enregistrés sur cassette vidéo, permettent à l'enseignant d'avoir des discours de référence auxquels il est possible d'avoir recours pour dégager certains critères.

Le guide théorique

Présentant les informations théoriques et didactiques qui sont à la base des activités proposées pour les classes de l'école élémentaire et maternelle, ce guide offre une brève synthèse des principaux travaux et recherches effectués sur l'oral depuis une vingtaine d'années.
Il explicite également les objectifs poursuivis et la démarche préconisée pour mettre en place un apprentissage structuré de l'oral à l'école.

Les fiches types d'oraux

Leur but

Les fiches « type d'oral » ont pour but de commencer à construire des apprentissages rigoureux et structurés de certaines stratégies discursives déterminantes pour la réussite scolaire et sociale des élèves.

Les types d'oraux

Les types d'oraux retenus au cycle 2 sont au nombre de cinq.

- Le dialogue,
- Le récit oral,
- L'interview associée à l'enquête,
- L'exposé,
- Le débat.

Les raisons de ce choix :

• ASSURER UNE CONTINUITÉ CYCLE 2 ET CYCLE 3 :
Les choix déjà opérés au cycle 3 sont aussi valables pour le cycle 2. En effet certains oraux, telle la conversation, ont été éliminés car il paraît difficile d'en programmer un apprentissage en classe sans tomber dans un formalisme excessif ; d'autres, tels l'entretien, la plaidoirie, n'ont pas été abordés car ils sont liés à des exigences sociales précises (embauche, par exemple) ou à des institutions particulières comme la justice et ne semblent pas correspondre aux intérêts et possibilités langagières d'élèves de l'école élémentaire et maternelle.
En revanche, ont été privilégiées des situations d'interaction verbale, telles que le dialogue ou le débat, et des oraux pouvant jouer un rôle important dans un cadre interdisciplinaire (l'exposé par exemple) ou susceptibles d'être largement utilisés dans des types de projets qui commencent à être assez répandus à l'école élémentaire et maternelle, comme l'édition d'un journal scolaire, d'un magazine, ou la réalisation d'une émission de radio (l'interview et l'enquête par exemple).
Cependant, compte tenu de l'âge des élèves au cycle 2, l'importance accordée à certains oraux a été modifiée. C'est ainsi que l'interview et l'enquête ont été regroupées et traitées ensemble (l'une étant d'ailleurs partie intégrante de l'autre).

• METTRE L'ACCENT SUR LES STRATÉGIES DISCURSIVES effectivement recommandées dans les instructions officielles, particulièrement les programmes de 1995 pour le cycle 2.

• GAGNER EN EFFICACITÉ : il est vraisemblable que si certains oraux ont été travaillés au cycle 2, un approfondissement s'avérera certainement nécessaire pour une grande majorité d'élèves. La cohérence établie entre les deux cycles permettra alors d'asseoir les apprentissages commencés dès la grande section maternelle.

Structure du module

Chaque type d'oral donne lieu à douze fiches distinctes

• DEUX FICHES RÉCAPITULATIVES indiquant respectivement :
– les compétences visées à travers l'étude de ce type d'oral et la liste des activités proposées,
– les objectifs spécifiques poursuivis par chaque fiche.

• DIX FICHES DE TRAVAIL
– Une fiche outils, évolutive, présentant un exemple réalisé en classe à partir de l'analyse de textes experts (enregistrements contenus dans la cassette vidéo ou enregistrements d'émissions télévisées ou, à défaut, scénarios proposés à la suite de chaque type d'oral étudié). Elle comporte la liste (non exhaustive) des critères dégagés par une classe sur un type d'oral donné.
– Six fiches ciblées sur un objectif précis, travaillant différentes com-

Structure du module

pétences : communicationnelles, textuelles, linguistiques. Selon le cas, deux ou trois fiches permettent de construire chaque type de compétences. Il arrive que certaines fiches soient reliées entre elles autour d'un thème commun, la réalisation du produit terminal nécessitant plusieurs séquences (cas du dialogue ou de l'interview, par exemple).
– Trois fiches de réinvestissement
  - fonctionnel, lié à la vie de la classe ou à des besoins apparus lors de la réalisation de projets,
  - ludique, pour le plaisir de jouer avec les formes orales découvertes,
  - créatif, lié à un projet ou une activité de production d'écrit.

Comment travailler ?

L'utilisation des fiches par l'enseignant est liée à différents paramètres : le niveau du cycle, les compétences des élèves, la plus ou moins grande difficulté du type d'oral concerné, le nombre de niveaux dont il a la charge.

L'enseignant ayant en charge un seul niveau devrait d'abord faire un état des lieux et se poser ces questions :
– Le type d'oral concerné a-t-il fait l'objet d'un apprentissage à un autre niveau du cycle ?
– Quels sont les savoirs déjà acquis par les élèves dans ce domaine ?
Deux cas de figure se présentent alors.

PREMIER CAS
Les élèves n'ont pas travaillé de manière structurée l'oral en général et ce type d'oral en particulier. L'enseignant doit réaliser impérativement au moins cinq fiches sur les dix présentées afin de permettre la construction des compétences :
– la fiche outils,
– trois fiches axées sur des objectifs précis,
– une fiche de réinvestissement.
S'il souhaite mettre en place un module plus long et plus approfondi, permettant de travailler tous les aspects, huit à dix fiches peuvent être réalisées, compte tenu des choix effectués au niveau des activités de réinvestissement proposées dans les trois dernières fiches du module.
En aucun cas, il ne doit considérer que la réalisation totale des dix fiches proposées est indispensable.

SECOND CAS
Les élèves ont déjà travaillé ce type d'oral à un autre niveau du cycle. Il s'agit alors d'un approfondissement peut-être rendu nécessaire par la fragilité des savoirs déjà-là. L'enseignant doit dans ce cas connaître la fiche outils construite au niveau précédent et les critères déjà découverts, tester les compétences des élèves en utilisant directement les fiches 2 et/ou 3 du module (pouvant servir d'évaluation diagnostique). En fonction des résultats obtenus, il juge utile ou non d'avoir recours aux textes experts pour augmenter ou préciser la liste des critères contenus dans la fiche outils et il peut alors, dans la première hypothèse, compléter cette fiche.
Les fiches suivantes travaillant des compétences textuelles ou linguistiques seront choisies par l'enseignant en fonction des besoins constatés. (Attention ! certaines fiches sont liées entre elles autour d'un thème commun.) Plusieurs types de réinvestissement pourront être proposés aux élèves, en fonction des projets de la classe et du temps dont on dispose.

Par ailleurs, un enseignant ayant en charge plusieurs niveaux du même cycle (CP/CE1, par exemple) peut travailler avec l'ensemble de la classe le même type d'oral. Pourra varier le nombre de fiches réalisées en fonction de l'approfondissement souhaité à tel ou tel niveau. D'autre part, la plus ou moins grande difficulté des fiches proposées peut lui permettre de mettre en place un apprentissage différencié à partir des besoins recensés.

Les fiches jeux oraux

Leur but

Le but des jeux oraux est essentiellement d'amener les élèves, à partir de situations ludiques, à **comprendre l'enjeu de la communication** et à en tenir compte pour mener des échanges langagiers. Ils doivent créer chez les interlocuteurs la prise de conscience d'autrui (sa différence, sa culture, sa spécificité) et des contraintes particulières à la communication (thème, lieu, disposition du matériel, contraintes de production ou d'interprétation).

Les jeux oraux

Ils sont de trois types :

• **JEUX EN SITUATION IMMÉDIATE DE COMMUNICATION**
Les enfants entre eux ou avec l'enseignant portent leur attention sur le même objet de référence. Ils se voient et partagent la même intention de communiquer. Ils peuvent ajuster leurs stratégies discursives en utilisant toutes les facettes du langage (outils linguistiques, gestes, matériels...).

• **JEUX EN SITUATION NON IMMÉDIATE DE COMMUNICATION**
Les enfants entre eux ou avec l'enseignant portent leur attention sur le même objet de référence. Ils ne se voient pas, même s'ils partagent la même intention de communiquer.
Pour ajuster leurs stratégies discursives, ils ne peuvent utiliser ni gestes ni déictiques (« *là* », « *comme ça* »...) Seules la précision et la qualité des outils linguistiques peuvent permettre aux locuteurs d'être efficaces.

• **JEUX DE COMMUNICATION SANS RAPPORT AVEC LA RÉALITÉ**
Les enfants entre eux ou avec l'enseignant portent leur attention sur le même objet de référence. Mais cet objet de référence n'a rien à voir avec la réalité concrète du monde. La communication est alors bien plus difficile car elle porte sur le langage.

Structure du module

Au cycle 2, la structure d'un module *jeux oraux* diffère sensiblement de celle qui a été adoptée pour un type d'oral.
En effet, les fiches de travail proposées correspondent à **des jeux chaque fois totalement indépendants**, ciblés sur des objectifs précis. L'enseignant peut donc en fonction du niveau du cycle, des intérêts des enfants, ou des projets de la classe décider de faire pratiquer tel jeu plutôt que tel autre dans l'ordre qui lui convient le mieux.
En outre, une fiche peut être remodelée en fonction de certains critères ou à partir d'autres supports que ceux qui sont proposés.
Des indications de niveau sont parfois proposées pour une fiche jugée plus difficile et pouvant être réalisée soit aux deux niveaux supérieurs du cycle, soit au C.E.1 seulement.

Comment travailler ?

Les jeux oraux doivent être en principe pratiqués tout au long du cycle, mais l'enseignant peut choisir de leur accorder une importance plus ou moins grande en fonction :
- du niveau du cycle concerné,
- des compétences communicationnelles des élèves,
- des projets de la classe.

Quelques exemples

– Tel enseignant de C.P. engagé avec sa classe dans la création d'un spectacle de marionnettes pourra choisir en priorité les jeux qui exercent des savoir-faire utiles pour le projet mentionné et constituent, d'une certaine façon, une sorte « d'échauffement » (ce qui est le cas pour beaucoup de jeux mettant en place des situations de communication sans rapport avec la réalité).

– Tel enseignant de C.E.1 désireux de travailler l'exposé en fonction des besoins de la classe pourra trouver dans les situations non immédiates de communication nombre de jeux qui développent les compétences exigées par ce type d'oral.

– Tel enseignant de G.S. ayant des élèves en grande difficulté peut choisir de porter l'accent dans un premier temps sur les situations de communication immédiate, qui semblent plus adaptées dans ce cas précis. En effet, l'aspect ludique des jeux oraux ne doit pas masquer la difficulté réelle de certains d'entre eux, notamment ceux qui ont trait aux situations de communication sans rapport avec la réalité.

Les activités de communication liées à des projets

Leur but

Les fondements théoriques et didactiques qui sous-tendent ces activités figurent dans le guide Magnard *Maîtriser l'oral*. Rappelons simplement que leur fonction essentielle est de permettre à l'élève de connaître **une variété de situations d'interaction langagière**. Ces activités doivent donc proposer des situations variées dans lesquelles s'établissent des relations élèves/enseignant(s), élèves/adulte(s), élèves/élèves. Toutefois il importe qu'elles soient **liées à des projets** de plus ou moins grande envergure afin de ne pas tourner «à vide ».
Cet ouvrage présente donc quelques exemples de projets susceptibles de **conduire les élèves à mener des échanges langagiers dans des situations d'interaction variées**.

Structure du module

La structure du module *activités de communication liées à des projets* diffère à la fois de celle adoptée pour les types d'oraux et de celle utilisée pour les jeux oraux. En effet, il s'agit de la présentation de projets de plus ou moins grande envergure, qui peuvent durer quelques semaines, voire quelques mois, en fonction du produit terminal à obtenir.
C'est pourquoi chaque fiche présentée ne correspond pas à une ou deux séquences, comme dans les autres modules, mais à **un ensemble de séquences** correspondant aux différentes phases du travail nécessité par le projet. La durée est dite « indéterminée », car il appartient à l'enseignant, en fonction des objectifs qu'il poursuit dans sa classe, de la définir plus précisément et de répartir les activités décrites sur un laps de temps plus ou moins long.
On ne s'étonnera pas, par ailleurs, de l'absence de structuration en trois temps (fiche outils/fiches d'approfondissement/fiches de réinvestissement), car les projets sont indépendants les uns des autres, et les objectifs poursuivis à travers eux ne sont pas toujours les mêmes. Les contraintes d'utilisation sont donc moindres que dans les fiches *types d'oraux* : il n'y a pas d'ordre canonique imposé, l'enseignant a recours à telle ou telle fiche en fonction de ses besoins et des sources d'intérêt de la classe.

Comment travailler ?

En fonction de ce qui a été dit précédemment, il appartient à l'enseignant, en liaison avec les autres disciplines et les projets globaux déterminés dans la classe, de choisir dans la liste des fiches proposées celles qui conviennent le mieux. Il serait, en effet, inefficace de faire fonctionner des activités n'ayant aucun rapport avec le travail effectué par ailleurs dans la classe, simplement par souci de varier les situations de communication.
C'est pourquoi les fiches proposées renvoient nécessairement à d'autres disciplines et tiennent compte des programmes officiels prévus pour le cycle 2.
Ainsi telle fiche pourra-t-elle être réalisée à l'occasion d'un travail artistique, telle autre en activités scientifiques... Certaines enfin s'intégreront parfaitement dans le cadre d'un projet de français plus global (théâtre, radio...).

Un outil souple, des utilisations diversifiées

Exploitation des documents utilisés dans les fiches

Les documents utilisés dans les fiches, en tant que support d'activités, ne figurent pas dans cet ouvrage, pour différentes raisons. Il n'est pas possible en effet, étant donné leur nombre et leur ampleur parfois, d'en donner la version intégrale, ni même toujours un extrait qui serait le plus souvent insuffisant. Toutefois, il sera facile à l'enseignant de se les procurer ou de trouver des supports équivalents, peut-être plus adaptés aux préoccupations de sa classe.

Il s'agit :

– **d'albums illustrés** dont les références précises sont fournies dans les fiches.

– **de poèmes** appartenant à des recueils qui figurent dans la plupart des bibliothèques mais dont un extrait figure dans les fiches.

– **de contes merveilleux** traditionnels (*Le Petit Chaperon rouge*).

– **de documents divers** correspondant à des thèmes fréquemment abordés au cours de ce cycle (l'école autrefois, par exemple) ou à un contexte local ou régional précis. Chacun peut comprendre aisément qu'il est souhaitable de travailler sur des supports qui concernent sa ville, son village ou sa région, dans le cadre d'un travail en géographie, en histoire ou dans le domaine de l'environnement. Les enseignants pourront donc très facilement adapter les fiches à partir de documents différents mais traitant de thèmes identiques ou proches.

Trois exemples de répartition

Cet ouvrage ne constitue pas un manuel présentant une progression rigide qui serait applicable sans adaptation aux trois niveaux du cycle. Il fournit à l'enseignant de cycle 2 des outils adaptables en fonction de ses intérêts, des compétences et des besoins des élèves, des projets de la classe. Les manières de l'utiliser sont donc multiples. Nous proposons ici, à titre d'exemples, trois répartitions possibles des activités proposées.

Première répartition

G.S.	C.P.	C.E.1
– Jeux oraux, en priorité les situations immédiates de communication. – Types d'oraux : dialogue, interview/enquête. – Un ou deux projets impliquant de multiples situations de communication.	– Jeux oraux, en priorité situations non immédiates de communication et situations de communication sans rapport avec la réalité. – Types d'oraux : le récit oral. – Un projet impliquant de multiples situations de communication.	– Jeux oraux, en priorité situations de communication sans rapport avec la réalité. – Types d'oraux : exposé, débat. – Un ou deux projets impliquant de multiples situations de communication.

• **Avantages**

– Cette première répartition permet de travailler en trois ans les apprentissages de tous les types d'oraux retenus. Des variantes à ce schéma peuvent être envisagées (le débat au C.P. et le récit oral au C.E.1 par exemple).

– Les jeux oraux sont pratiqués aux trois niveaux concernés.

Ils ont le mérite de donner aux enfants le sens de la communication : aisance, maniement de la langue, invention, connaissance du destinataire. Toutefois il semble pertinent de travailler davantage les situations immédiates de communication et les situations non immédiates de communication en grande section de maternelle pour accorder une plus grande place aux situations de communication sans rapport avec la réalité en C.E.1.

Les activités de communication liées à des projets sont indispensables à tous les niveaux car elles apprennent aux enfants à changer d'outils linguistiques et de stratégies discursives selon la situation de communication dans laquelle ils se trouvent.

• Inconvénients

– Nécessité d'une concertation étroite et d'un accord entre tous les enseignants du cycle.
– Nécessité de revoir périodiquement la répartition des types d'oraux afin de ne pas figer les contenus d'enseignement à un niveau donné.

DEUXIÈME RÉPARTITION

G.S.	C.P.	C.E.1
– Jeux oraux. – Types d'oraux. – Situations de communication. Tous à déterminer en fonction des projets de la classe ou d'un projet d'école.	– Jeux oraux. – Types d'oraux. – Situations de communication. Tous à déterminer en fonction des projets de la classe ou d'un projet d'école.	– Jeux oraux. – Types d'oraux. – Situations de communication. Tous à déterminer en fonction des projets de la classe ou d'un projet d'école

• Avantages

Ce type de répartition non figée convient tout particulièrement aux enseignants désireux de fédérer les activités autour de vastes projets de classe ou d'école, projets pouvant être pluridisciplinaires et nécessitant l'utilisation d'un ou de plusieurs types d'oral. Il peut s'agir aussi de projets de moindre envergure mais devant être parfaitement articulés.

Par exemple, la réalisation d'une émission de radio permettra de mettre en réseau tous les travaux proposés et de leur donner une finalité. Elle implique, en effet, la pratique de jeux oraux pour que les élèves soient à l'aise pour parler à l'oral, des rencontres avec des partenaires diversifiés et la maîtrise de plusieurs oraux de base : exposé, interview, récit oral ou débat éventuellement.

• Inconvénients

– Concertation étroite entre les enseignants du cycle afin de ne pas reproduire les mêmes apprentissages à partir de projets différents en apparence.
– Nécessité de bien redéfinir les objectifs annuellement si les projets changent d'une année sur l'autre.

TROISIÈME RÉPARTITION

G.S.	C.P.	C.E.1
– Jeux oraux, en priorité les situations immédiates de communication et les situations non immédiates de communication. – Tous types d'oraux : sensibilisation. – Un ou deux projets impliquant de multiples situations de communication.	– Jeux oraux, en priorité les situations immédiates de communication et les situations de communication sans rapport avec la réalité. – Certains types d'oraux : approfondissement en fonction des besoins constatés et du travail accompli au début du cycle. – Un projet.	– Jeux oraux, en priorité les situations de communication sans rapport avec la réalité. – Certains types d'oraux : approfondissement en fonction des besoins constatés et du travail accompli en G.S. et C.P. – Un ou deux projets.

• **Avantages**

– L'approche d'un type d'oral se fait sur deux ou trois ans, permettant d'asseoir les apprentissages dans la durée, en complexifiant progressivement les objectifs à atteindre.

– L'enseignant de grande section dispose d'une plus grande liberté.

• **Inconvénients :**

– Ce type de répartition qui s'ajuste constamment sur le travail effectué au niveau précédent suppose une prise en compte réelle des besoins des élèves dans ce domaine et donc une évaluation précise de leurs difficultés.

– Si à l'entrée du C.P. un approfondissement s'avère nécessaire dans tous les domaines, les enseignants de C.P. et de C.E.1 devront se répartir les tâches.

Le dialogue

Définition

Définition

Définition

Définition

Échange entre X interlocuteurs appelés à devenir tour à tour énonciateurs et énonciataires pour construire ensemble un savoir ou réaliser une tâche.

Des groupes d'élèves essaient de faire du café avec des cafetières différentes, plus ou moins anciennes, alors qu'ils ne connaissent que le fonctionnement des plus récentes.

Objectifs spécifiques

Dégager **l'enjeu et le principe de fonctionnement** du dialogue et commencer à construire une fiche outils évolutive réutilisable en situation fonctionnelle ou fictive.

Conduire l'élève à établir un contact charnel socialisé, à accepter l'autre, à manifester un désir de coopération.

Conduire l'élève à formuler des propositions et à tenir compte des propositions d'autrui à partir de la représentation de la tâche à accomplir.

Conduire l'élève à tenir compte de l'enjeu de la communication (construire un savoir ou élaborer une tâche à plusieurs) et par voie de conséquence à trouver un fonctionnement de groupe facilitant la production.

Conduire l'élève à utiliser le dialogue pour résoudre un problème posé.

Conduire l'élève à faire évoluer l'échange langagier à partir des résultats obtenus, à répondre de manière pertinente aux demandes d'information du récepteur.

Conduire l'élève à utiliser des outils linguistiques appropriés à la situation :
- jeu des pronoms (je/tu/on) ;
- conditionnel présent ;
- subordonnée circonstancielle de condition.

Conduire l'élève à utiliser le dialogue dans **une situation fonctionnelle :** un travail en arts plastiques.

Conduire l'élève à utiliser le dialogue dans **une situation imaginaire :** dialogue de marionnettes.

Conduire l'élève à créer un dialogue dans **une situation de création ludique :** dialogue de sourds.

Fonction dominante

Construire un savoir ou élaborer une tâche à plusieurs, grâce à la prise en compte des suggestions de tous les partenaires.

Compétences visées

- Établir un contact charnel socialisé, accepter l'autre, manifester un désir de coopération.
- Savoir prendre la parole, écouter.
- Tenir compte de l'enjeu de la communication : construire un savoir ou élaborer une tâche avec d'autres et par voie de conséquence trouver un fonctionnement de groupe facilitant la production.

- Être capable de formuler des propositions et de tenir compte des propositions d'autrui à partir de la représentation de la tâche à accomplir.
- Savoir faire évoluer l'échange langagier à partir des résultats obtenus (réussite ou échec).

- Être capable d'utiliser les outils linguistiques appropriés à la situation :
  - jeu des pronoms (je / tu / on)
  - conditionnel présent (*On pourrait faire*...)
  - subordonnée de condition (*Si on faisait*...)

Rôle de l'enseignant

- L'enseignant met les enfants dans une situation où ils auront à réaliser une tâche après avoir reçu un enseignement adéquat.
- L'enseignant veille à ce que les enfants analysent les tâches, leur méthode de travail et le fonctionnement du groupe.
- L'enseignant aide les enfants à regrouper les idées qui vont agrandir leur savoir.
- L'enseignant veille à introduire progressivement des partenaires diversifiés.

Sommaire Activités

Fiche outils

Objectif principal

Dégager l'enjeu et les principes de fonctionnement du dialogue et commencer à construire une fiche outils réutilisable en situation fonctionnelle ou fictive.

Durée

1 heure environ

Dispositif pédagogique

Groupe classe

Matériel supports

Cassette vidéo : partie *dialogue* (voir la transcription approximative dans la partie *scénarios* pages 29-30)
ou émissions TV enregistrées par l'enseignant, selon sa convenance.

Déroulement des opérations

PHASE 1

Visionnement de deux dialogues

- *Le bonhomme marron* : deux élèves échangent pour réaliser un petit bricolage, à partir d'une consigne donnée par l'enseignant.
- *Des boîtes d'allumettes stupéfiantes* : deux apprentis magiciens doivent réaliser un tour de magie à partir d'une démonstration faite par le maître magicien.

PHASE 2

Recherche des caractéristiques propres à ce type d'oral

à partir d'un questionnement oral proposé par l'enseignant :

– qui parle à qui ?
– pour quoi faire ?
– où cela peut-il se passer ?
– quel est le rôle de l'enseignant ?...

Dans le dialogue 1, le but est d'arriver à l'idée que les interlocuteurs échangent pour coopérer et réussir une tâche à effectuer, ce qui est l'une des fonctions essentielles du dialogue et le distingue de la simple conversation. Dans le second cas (dialogue 2) il s'agit plutôt d'obtenir d'une tierce personne des renseignements pour agir, sans qu'il s'agisse pourtant d'une interview.

PHASE 3

Élaboration de la fiche outils

À partir des premières remarques des élèves et, si nécessaire, d'un affinement du questionnaire, une fiche outils est élaborée et donne lieu à une grande affiche qui servira de référence pour les séances ultérieures. Au C.P. et au C.E.1, celle-ci sera ensuite recopiée dans un cahier destiné à garder une trace du travail effectué.

exemple **Dans un dialogue :**

– on peut prendre la parole pour faire des propositions ;
– on peut poser des questions ;
– on peut donner des informations utiles ;
– il faut écouter l'autre ;
– il faut tenir compte de ses propositions.

La maquette-plan de classe

Objectif principal

Conduire l'élève à établir un contact charnel socialisé, à accepter l'autre, à manifester un désir de coopération.

Durée

1 heure environ.

Dispositif pédagogique

Phase 1 : deux groupes de cinq élèves actifs et deux groupes d'élèves observateurs.
Phases 2, 3 & 4 : collectives.

Matériel supports

Groupes actifs : une plaque de carton-support ; une boîte de Lego, des cubes emboîtables.
Groupes observateurs : un magnétophone, une cassette.

Déroulement des opérations

Phase 1 : réalisation de la maquette-plan de la classe.
– Chaque groupe d'actifs doit prendre en compte la disposition du mobilier de la classe et en donner une représentation en maquette en installant des blocs Lego sur le support carton, tout en respectant les positions relatives des divers objets.
– Chaque groupe d'observateurs doit évaluer la résolution du problème par le groupe et le comportement de chacun en enregistrant ses observations :
Guide de l'observation : l'enseignant pose des questions pour les aider à enregistrer leurs remarques.
- Les enfants se répartissent-ils les tâches avant d'agir ?
- Choisissent-ils le matériel au hasard ?
- Discutent-ils beaucoup pendant la réalisation ?
- Sont-ils tous d'accord pour le placement des objets ?
- Y a-t-il un enfant qui dirige les autres ? Obéissent-ils ?

Phase 2 : contrôle.
Vérification du travail des groupes actifs et comparaison des productions. Validation par les observateurs en fonction de la conformité au placement réel des objets dans la classe.

Phase 3 : écoute des observations, critique.
Comparaison des remarques enregistrées par les groupes observateurs en phase 1 et les remarques faites en phase 2 : L'organisation et le comportement des membres des groupes actifs ont-ils une influence sur la production ?

Phase 4 : Ajout d'un critère dans la fiche outils.
S'organiser et coopérer pour mieux réaliser.

Critères de réussite

– Qualité de la réalisation des groupes actifs.
– Richesse des remarques pour les groupes d'observateurs.

Variantes

Même démarche. Le groupe actif doit dialoguer pour réaliser :
– la maquette d'un autre lieu.
– une installation de parcours en E.P.S.

Liaisons oral/écrit

Fin de CP/CE1 : Ecrire un texte pour décrire le positionnement d'objets posés dans la salle de jeu, par exemple pour un parcours d'E.P.S.

Le goûter d'anniversaire : préparation

Objectif principal

Conduire l'élève à formuler des propositions et à tenir compte des propositions d'autrui à partir de la représentation de la tâche à accomplir.

Durée

1 heure 15 minutes environ :
- 3 fois 1/4 d'heure pour les dialogues.
- 30 minutes pour la synthèse collective.

Dispositif pédagogique

PHASE 1 : trois groupes de quatre élèves dialoguent successivement (les autres écoutent et enregistrent ce qu'ils disent. Pas de communication entre les trois groupes qui font des propositions).
PHASES 2, 3 & 4 : collectives.

Matériel supports

- Un magnétophone, une cassette.
- Un tableau pour noter les propositions.

Déroulement des opérations

PHASE 1 : conception de l'organisation et la préparation d'un goûter d'anniversaire.
Chaque groupe de quatre élèves dialogue pour concevoir les étapes importantes de la réalisation d'un goûter d'anniversaire. Le groupe observateur enregistre les propositions.

PHASE 2 : communication des projets. Rencontre des groupes.
Dans chaque groupe, un rapporteur expose les grandes lignes des propositions faites pour le goûter.
On écoute la bande enregistrée pour repréciser des points manquants ou imprécis.

PHASE 3 : choix d'une stratégie commune de réalisation.
Les enfants font la synthèse des propositions des trois groupes en mettant en commun leurs idées mais aussi en ajoutant des points manquants dans l'organisation. On enregistre les propositions arrêtées pour les garder en mémoire (G.S./C.P.). Des élèves scripteurs notent les propositions (C.E.1).

PHASE 4 : répartition en groupes de travail.
Les enfants ayant listé les tâches à accomplir pour réaliser le goûter se répartissent dans les différents groupes pour prévoir plus finement l'organisation (voir page 22).

Critères de réussite

La réalisation effective du goûter permettra d'évaluer la fiabilité de la préparation.

Variantes

Toute activité conçue autour de la conception d'un projet pourra être menée ainsi : voyage scolaire, fête de Noël, compétition sportive, rencontre chorale...

Liaisons oral/écrit

Décrypter l'enregistrement des dialogues des groupes qui font des propositions et écrire une fiche ou un tableau récapitulatif des tâches à accomplir pour réaliser le goûter d'anniversaire.

Le goûter d'anniversaire : organisation

Objectif principal

Conduire l'élève à tenir compte de l'enjeu de la communication (construire un savoir ou élaborer une tâche à plusieurs) et par voie de conséquence à trouver un fonctionnement de groupe facilitant la production.

Durée

1 heure environ.

Dispositif pédagogique

Phase 1 : groupes de quatre ou cinq enfants.
Phases 2, 3 & 4 : échange collectif.

Matériel supports

– Bande enregistrée - magnétophone (voir p. 21).
– Tableau récapitulatif (p. 21).

Déroulement des opérations

Phase 1 : mise au point des différents domaines d'organisation dans les groupes.
Dans chaque groupe, les enfants dialoguent pour envisager finement les étapes chronologiques à réaliser, les moyens en matériel et en personnes à prévoir, les obstacles à éviter. Ils désignent des responsables pour chaque étape et décrivent l'organisation prévue.

Phase 2 : communication des projets.
Chaque groupe décrit l'organisation des tâches qu'il a à réaliser.
Échange entre les différents groupes pour affiner, repousser, valider ou enrichir ces propositions de groupes.

Phase 3 : mise au point du projet final.
Après la vérification collective de la cohérence de l'ensemble, lister définitivement les tâches de chaque groupe, les moyens, les organisations et responsabilités à prévoir.

Phase 4 : ajout éventuel de critères dans la fiche outils.
Si certains critères n'ont pas été dégagés lors de la séance d'observation des textes experts, les consigner dans la fiche outils.

Critères de réussite

L'évaluation sera donnée par la réalisation effective et les obstacles surmontés pendant le déroulement du projet.

Variantes

Concevoir d'autres projets : fêtes scolaires, compétitions sportives... etc. (voir p. 21).

Liaisons oral/écrit

Récapituler sur une fiche toutes les tâches à accomplir, les moyens et le matériel à prévoir, les responsables pour chaque poste → tableau de services.

Des ateliers pour lancer...

Objectif principal

Conduire l'élève à utiliser le dialogue pour résoudre un problème posé.

Durée

1 heure environ.

Dispositif pédagogique

PHASES 1, 3 & 4 : collectives.
PHASE 2 : groupe par atelier proposé.

Matériel supports

Matériel d'E.P.S.
Salle d'E.P.S. ou de motricité.

Déroulement des opérations

PHASE 1 : présentation de l'activité à l'ensemble du groupe.
La classe vient de suivre un module de quelques séances d'initiation aux lancers et on souhaite évaluer les performances de chacun dans les compétences suivantes : *lancer loin*, *lancer haut*, *lancer avec adresse*. Le groupe devra prévoir le matériel, son installation, la forme de l'épreuve et la fiche de notation des résultats.

PHASE 2 : dialogue (éventuellement débat) par groupe pour organiser l'atelier.
Chaque groupe a choisi une compétence particulière (*lancer loin*) et va dialoguer pour définir les modalités de l'atelier à proposer.

PHASE 3 : résolution du problème posé.
Il s'agit de se mettre d'accord collectivement sur un seul schéma d'organisation. Chaque groupe expose son projet puis dialogue avec les autres pour voir s'il est compatible au niveau du matériel utilisable et de l'espace de la salle. Les groupes doivent ensuite débattre sur le fonctionnement des ateliers les uns par rapport aux autres et du type de fiche d'évaluation.

PHASE 4 : si nécessaire, ajout d'un critère dans la fiche outils.
Echanger pour résoudre un problème posé.

Critères de réussite

Évaluation donnée selon la capacité des enfants à réaliser les épreuves de lancer dans les ateliers proposés.

Variantes

Même démarche concernant des ateliers pour d'autres compétences d'E.P.S. (*sauter*, *s'équilibrer*).

Liaisons oral/écrit

- Écrire le tableau récapitulatif du matériel à préparer.
- Décrire le fonctionnement de l'atelier.
- Concevoir le modèle de la fiche d'évaluation.

Devenons technicien !

Objectif principal

Conduire l'élève à faire évoluer l'échange langagier à partir des résultats obtenus (réussite ou échec), à répondre de manière pertinente aux demandes d'information du récepteur.

Durée

1 heure environ.

Dispositif pédagogique

PHASE 1 : douze élèves réalisent un objet à partir d'une fiche technique.
PHASE 2 : dialogue entre les élèves ayant échoué dans la réalisation et d'autres ayant réussi (deux groupes).
PHASES 3 & 4 : collectives.

Matériel supports

– Fiche technique : L'hélicoptère (*Découverte de la matière et de la technique*, Éditions Hachette).
– Papier, ciseaux, colle, trombones.

Déroulement des opérations

PHASE 1 : mise en place du dispositif.
Une douzaine d'élèves doivent réaliser, sans aide autre que la fiche technique, la construction de l'hélicoptère. Les autres enfants observent.

PHASE 2 : mise en place des dialogues pour faire évoluer les productions.
Sélectionner les enfants qui n'ont pas réussi et les répartir en deux groupes. Ils devront refaire l'hélicoptère mais pourront demander une aide orale (seulement en dialoguant) à des enfants qui ont réussi. Dans un groupe, les enfants répondront le mieux possible en apportant toute l'aide langagière la mieux adaptée. Dans l'autre groupe, les enfants ne pourront répondre que par « oui, continue » ou « non pas comme ça ».
Les autres enfants enregistrent ou notent les questions et réponses des différents dialogues.

PHASE 3 : analyse des dialogues, des comportements et des réalisations.
Quelles sont les différences d'attitude de ceux qui réalisent en fonction des réponses apportées par le dialogue dans les deux groupes ? Y a-t-il une incidence sur la réussite ou l'échec ? Ont-ils progressé par rapport à la phase 1 ?

PHASE 4 : si nécessaire, ajout d'un critère dans la fiche outils.
Prendre la parole pour donner toutes les informations utiles. Adapter son langage aux destinataires en fonction de leurs difficultés.

Critères de réussite

Amélioration de la réalisation par l'ensemble des participants.

Variantes

Même démarche avec d'autres fiches techniques, ou des schémas d'expérimentation scientifique.

Liaisons oral/écrit

Écrire la fiche technique en lui apportant des modifications permettant une réalisation réussie pour l'ensemble de la classe.

Si on modifiait...

Objectif principal

Conduire l'élève à utiliser outils linguistiques appropriés :
- jeu des pronoms (je / tu / on),
- conditionnel présent,
- subordonnée circonstancielle de condition.

Durée

1 heure environ.

Dispositif pédagogique

PHASE 1 : trois enfants choisis par l'enseignant.
PHASE 2 : groupes de quatre ou cinq enfants.
PHASES 3 & 4 : collectives.

Matériel supports

Les hélicoptères réalisés (p. 24), la fiche technique.
Des papiers variés, des feutres, colle, ciseaux, gommettes, fil de fer.

Déroulement des opérations

PHASE 1 : description d'une activité en utilisant des pronoms.
Trois enfants sont invités par l'enseignant à décrire les étapes successives de la construction mais avec des consignes différentes. Le premier doit parler de lui-même (*je*), le second doit parler de son camarade (*tu*), le troisième doit parler du groupe (*on*).

PHASE 2 : recherche de modifications à apporter à la construction de l'hélicoptère.
Les enfants dialoguent par groupes pour trouver quels types de modifications sont possibles et en dressent la liste dans le groupe.
Par exemple, type de papier, décoration, tailles, lestage…

PHASE 3 : échanges d'idées entre groupes.
Les groupes dialoguent pour confronter leurs propositions de modifications. L'enseignant les aide à sérier les types de modifications possibles.

PHASE 4 : inventaire des avantages et inconvénients à modifier, des hypothèses sur la réalisation ou le fonctionnement de l'objet.
L'enseignant reprend les propositions des enfants (par exemple, *Si on changeait la taille de la feuille…*), invite les enfants à énumérer les avantages, les inconvénients et les hypothèses quant au fonctionnement de l'objet. Il amène les élèves à préciser leurs idées en utilisant le conditionnel présent dans leurs réponses (*On pourrait aussi…*).

Critères de réussite

Utilisation par les élèves, dans les échanges verbaux, des outils linguistiques suivants : les pronoms *je-tu-on*, le conditionnel présent, la subordonnée de condition.

Variantes

Toute modification à apporter à une construction ou à une réalisation.

Liaisons oral/écrit

Noter, sous forme d'hypothèses, les propositions nouvelles à vérifier après expérimentation comme « *Si on enlevait le trombone, l'hélicoptère ne tournerait plus* ».

Une mer à créer...

Objectif principal

Conduire l'élève à utiliser le dialogue dans une situation fonctionnelle : un travail en arts plastiques.

Durée

Deux séances de 45 minutes environ.

Dispositif pédagogique

PHASES 1 & 3 : travail par groupe.
PHASE 2 : dialogue de groupe à groupe.
PHASE 4 : collective.

Matériel supports

Papiers divers, colle, ciseaux, cartons, supports, laine, ficelle, rubans, plastique divers, tissus variés.

Déroulement des opérations

PHASE 1 : réalisation d'une production plastique par groupe avec des matériaux différents.
Les enfants doivent produire une œuvre sur le thème *les mouvements de la mer* et disposent de matériaux différents d'un groupe à l'autre (papier, plastique, ficelle, tissus).

PHASE 2 : dialogues entre groupes (deux à deux).
Un groupe doit transmettre à un autre groupe les consignes et informations nécessaires à la production d'un tableau du même type que celui qu'il vient de réaliser. Il doit l'informer de la chronologie à suivre, des problèmes éventuels. L'autre groupe doit poser des questions pour compléter son information.

PHASE 3 : nouvelle réalisation.
Chaque groupe réalise, avec les informations obtenues, une production plastique avec de nouveaux matériaux.

PHASE 4 : analyse des productions.
Les groupes dialoguent et comparent leurs productions : Sont-elles identiques ou différentes ? Pourquoi ? Les indications orales ont-elles eu une influence sur la pratique et la réalisation ? A-t-on oublié de dire certaines choses ?

Critères de réussite

– Qualité de la réalisation pour les actifs.
– Richesse des remarques pour les observateurs.

Variantes

Même démarche pour faire réaliser des productions plastiques, sur d'autres thèmes.

Liaisons oral/écrit

Fin de C.P./C.E.1 : travail sur le texte injonctif ; écrire une fiche technique en arts plastiques permettant de réaliser une technique et d'obtenir une production plastique.

Dialogue de marionnettes

Objectif principal

Conduire l'élève à utiliser le dialogue dans une situation imaginaire.

Durée

– 15 minutes pour la préparation.
– 30 minutes pour le jeu scénique des marionnettes.
– 15 minutes pour l'analyse du dialogue.

Dispositif pédagogique

Phase 1 : collective.
Phase 2 : deux enfants dialoguent, les autres écoutent et enregistrent.
Phase 3 : dialogue à quatre, les autres observent.

Matériel supports

– Livres : Série *Croktou*, Jacqueline Held, Bibliothèque Benjamins, éditions Bordas *Le Petit Chaperon rouge*, Charles Perrault.
– Marionnettes : deux loups, deux fillettes (deux silhouettes suffisent).
– Magnétophone.

Déroulement des opérations

Phase 1 : lecture d'albums.
Lecture (par l'enseignant en G.S. et au début du C.P.) d'albums où le même type de personnages – loup et fillette – ont une attitude dans la vie très différente. Dialoguer avec les enfants pour bien définir les différents personnages.

Phase 2 : dialogues imaginaires.
Faire dialoguer deux personnages (les loups ensemble, les fillettes ensemble, un loup et une fillette) à propos de sujets proposés aux enfants : par exemple, la nourriture, les grands-mères, les chasseurs, les loups, les fillettes...

Phase 3 : détournement du dialogue, dialogue à quatre.
Réécouter un des dialogues précédents entre deux personnages, retrouver les propos qui ont été utilisés par chacun puis les faire prononcer par le personnage opposé en présence des deux autres personnages, qui vont s'étonner et questionner leur ami ou ennemi sur cet étrange comportement.

Critères de réussite

– Bon fonctionnement du dialogue des personnages qui doit rester riche.
– Respect des règles choisies au départ.

Variantes

Faire parler ou dialoguer des personnages du même type ensemble, par exemple la sorcière de Blanche-Neige, la belle-mère de Cendrillon.

Liaisons oral/écrit

Écrire le dialogue entre deux personnages d'avis différents, par exemple le petit ours et la maman de Boucle d'Or (à propos de Boucle d'Or), Marion (à propos de Croktou) et Naf Naf (Les trois petits cochons) à propos des loups.

Dialogue de sourds

Objectif principal

Conduire l'élève à réinvestir le travail sur le dialogue dans une situation de création ludique.

Durée

1 heure environ.

Dispositif pédagogique

PHASES 1, 2 & 3 : groupe classe en G.S. et au début du C.P., travail individuel puis collectif au C.E.1.
PHASE 4 : petits groupes, puis par deux.

Matériel supports

Conte de Lily Boulay : *La poulette qui s'appelait Trompette*, *Magie du conte*, Éditions A. Colin Bourrelier.

Déroulement des opérations

PHASE 1 : lecture du conte.
À la fin du C.P. et au C.E.1, la lecture pourra être silencieuse et individuelle. En G.S. et au début du C.P., la lecture sera faite par l'enseignant.

PHASE 2 : échanges, recherche de l'effet produit par les dialogues.
Les élèves s'expriment librement sur l'histoire entendue, à partir d'un questionnement très ouvert du type : *Que pensez-vous de cette histoire ? est-ce qu'elle vous plaît ? pourquoi ? qu'y a-t-il de drôle ?...*
Très rapidement le travail se focalise sur les parties dialoguées. En effet les élèves sont très sensibles à l'aspect humoristique des dialogues et aux jeux sur les mots qu'ils contiennent.

PHASE 3 : étude des jeux de mots et des procédés d'humour.
Un relevé systématique des questions contenues dans les dialogues est effectué. On pourra surligner au feutre au C.E.1 ; le travail sera oral en G.S. et au C.P. Au fur et à mesure d'une deuxième lecture effectuée par l'enseignant, les réponses sont consignées au tableau. On compare : *sanglier/sans crier/sans pitié/sans ses pieds/sans souliers...*
On remarque que le dialogue de sourds est fait à partir des sonorités presque identiques (rimes, paronymes).

PHASE 4 : création de dialogues à partir d'une situation inductrice.
Les animaux décident d'aller voir d'autres médecins par exemple, le docteur éléphant, le docteur crocodile, le docteur léopard...
Les élèves recherchent par petits groupes des groupes de mots qui « sonnent pareil » (rimes).
Mise en scène des dialogues par deux à partir des trouvailles obtenues.

Critères de réussite

- Respect de la consigne de création : trouver des expressions ayant des ressemblances au niveau phonique.
- Savoir jouer la scène en faisant vivre le texte.

Variantes

Choisir une autre histoire et faire parler les personnages selon le même procédé ; voir les incidences sur la fin de l'histoire.

Liaisons oral/écrit

Écriture des dialogues entre les animaux du conte (Trompette, Milardou, Clairon, Tounet) à partir du nom de médecin choisi.

Scénario

Le bonhomme marron

L'enseignant : Bon, vous deux, je vous prête le livre « Petits bricolages malins » et je vous demande de construire une décoration, celle que vous voulez, de la même manière que celle que vous voyez dans le livre à propos des marrons. Allez-y, je vais demander à vos copains de faire la même activité que vous. J'espère que vous ne choisirez pas tous la même décoration.

Élève 1 : Bon, de toute façon, on ne va pas tous les faire, hein ?

Élève 2 : Ben non, il a dit « pas tous » mais moi, j'aimerais bien le marron crieur.

Élève 1 : Bof, si tu veux, mais grouillons-nous, il a dit au groupe d'à côté : dix minutes.

Élève 2 : Oh, on va ben y arriver, mais il nous faut un marron et un gland.

Élève 1 : Ouais, et pour le dessus de la tête il faut trois tiges de gland.

Élève 2 : O.K., on a tout. Enfin, je crois.

Élève 1 : Si, si, c'est bon. Si tu veux, j'vais dessiner les dents avec de la peinture blanche sur la partie claire du marron.

Élève 2 : D'accord. Prends le pinceau pour ça et moi je vais faire les yeux au-dessus avec le feutre noir et ta peinture blanche quand t'auras fini.

Élève 1 : Bien, laisse-moi faire les dents… ah ! j'ai la tremblote. Bon, ça y est. À toi pour les yeux…

Élève 2 : Ça y est ! Maintenant colle au-dessus des yeux… donc de la tête… les trois tiges de gland.

Élève 1 : Ça va pas, mets plus de colle… et puis tiens-moi le marron… ça a l'air de tenir.

Élève 2 : Oui, on n'a qu'à pas trop bouger… Qu'est-ce qu'il reste à faire ?

Élève 1 : Ben, faut coller le gland sous le marron. Comme sur le dessin.

Élève 2 : O.K., mais on fait ça ensemble, sinon ça va péter. Allons-y… Mets la colle sur le marron et sur le gland. Sur le gland, j'te dis. Ça va, maintenant mets le gland sous le marron. Je tiens… Ça a l'air de tenir… Ça tient. J'te l'dis, on est les meilleurs.

Scénario

Des boîtes d'allumettes stupéfiantes

Maître magicien : Je vais faire devant vous mon deuxième tour. J'aimerais cette fois-ci que vous puissiez le réaliser ensuite sans mon aide. Soyez attentifs : voici trois boîtes d'allumettes. J'en prends une. Je la secoue et vous entendez le bruit des allumettes à l'intérieur de la boîte. Je fais pareil pour la deuxième. Vous n'entendez plus le bruit des allumettes. La boîte doit donc être vide ou pleine à craquer. Je l'ouvre, elle est vide. C'est normal. La troisième je l'agite. Vous n'entendez plus le bruit des allumettes. Elle doit être vide ou pleine à craquer. Je l'ouvre aussi, elle est pleine : c'est encore normal. La première, je l'ouvre aussi, elle est vide et pourtant on a entendu le bruit des allumettes à l'intérieur. Mystère. Comment expliquez-vous cela ? À vous de jouer.
Aspirant 1 : Pour moi le problème, c'est la première boîte.
Aspirant 2 : Ouais, car pour la deuxième et la troisième, on a rien entendu et que pour la première on a entendu alors qu'y avait rien.
Aspirant 1 : Eh ben on va la regarder d'un peu plus près. Elle est sûrement truquée.
Aspirant 2 : Fais voir. Ben y'a pas d'allumettes et pourtant c'est sûr on a entendu leur bruit.
Aspirant 1 : Y'a peut-être un double fond.
Aspirant 2 : M'sieur, on peut casser la boîte pour vérifier.
Maître magicien : Si vous voulez.
Aspirant 1 : Zut, il n'y a pas de double fond.
Aspirant 2 : Dites, m'sieur, vous n'auriez pas un complice qui faisait le bruit avec des allumettes ?
Maître magicien : Non, j'étais tout seul, mais, réfléchissez bien, vous êtes sur la bonne voie.
Aspirant 2 : Donc c'est vous qui avez fait le truc, c'est vous qui avez fait le bruit des allumettes.
Aspirant 1 : Ben sûrement, mais comment ? On a vu qu'une boîte à la fois et il n'a touché qu'une boîte à la fois.
Aspirant 2 : On peut vous fouiller ?
Maître magicien : Non, mais vous brûlez. Remarquez, avec des allumettes, c'est normal.
Aspirant 1 : Donc, vous avez une autre boîte que vous manipulez en même temps que cette première.
Aspirant 2 : Et elle est dans votre poche ?
Maître magicien : Non. Mais je ne vous dis plus rien.
Aspirant 1 : Eh bien, moi je crois qu'elle est dans votre manche gauche.
Aspirant 2 : Ouais, d'autant plus que les deux autres boîtes je crois que vous les avez agitées avec votre main droite.
Maître magicien : Vous avez trouvé, mais je vais compléter vos explications. Une quatrième boîte est sous ma veste, à la place de ma montre et elle est tenue par un élastique. Et j'agite en même temps les deux boîtes, la vide que vous voyez et celle qui a des allumettes que vous ne pouvez pas voir. Bravo. À vous de jouer maintenant et de vous entraîner.

L'interview
L'enquête

Définition

Échange par lequel un énonciateur (personne «invitante») demande à X énonciataires 1 de communiquer des renseignements à X énonciataires 2, présents et/ou absents et à lui-même (énonciateur).

Les élèves de la classe interrogent un spécialiste des oiseaux pour savoir comment mieux s'occuper des mésanges qui viennent d'apparaître lors de ce rude hiver autour de l'école.

Objectifs spécifiques

Dégager **l'enjeu et le principe de fonctionnement** d'une interview, son utilisation au sein d'une enquête et commencer à construire une fiche outils évolutive, réutilisable en situation fonctionnelle ou fictive.

Conduire l'élève à prendre la parole et à écouter les réponses de l'interviewé, en établissant un contact charnel socialisé (degré de proximité, jeu des regards...).

Conduire l'élève à tenir compte du lieu social et du lieu concret de la communication (rue, quartier, lieux divers) et à utiliser un matériel adéquat (micro, magnétophone) en autonomie.

Conduire l'élève à traiter les données recueillies pour enrichir son savoir et à prendre conscience des incidences de la forme prise par le questionnement sur le traitement des données.

Conduire l'élève à respecter la structure de l'interview.

Conduire l'élève à faire évoluer l'échange langagier en fonction des réponses obtenues.

Conduire l'élève à construire un questionnement pertinent par rapport au thème choisi en utilisant les outils linguistiques appropriés à la situation : forme interrogative, pronoms et adverbes interrogatifs.

Conduire l'élève à réinvestir les connaissances acquises sur l'interview dans le cadre d'une enquête historique.

Conduire l'élève à réinvestir les connaissances acquises sur l'interview dans une situation fonctionnelle : fabriquer des marionnettes dans le cadre d'un projet théâtre.

Conduire l'élève à réinvestir ses connaissances sur l'interview et l'enquête dans une situation de création : un projet de lecture/écriture comportant une enquête policière.

Fonction dominante

• Obtenir des renseignements auprès de personnes-ressources.
• Enrichir, à partir de recherches et d'échanges langagiers, ses connaissances dans un domaine précis.

Compétences visées

• Établir un contact socialisé avec les personnes-ressources, manifester dans son attitude sympathie et intérêt.
• Tenir compte du lieu social et concret de la communication (rue, classe, autre lieu public, domicile personnel...).
• Savoir utiliser le matériel adéquat favorisant le recueil de données (micro, magnétophone...).

• Être capable, à partir d'un savoir à acquérir ou à compléter, de rechercher avec l'aide de l'enseignant des personnes-ressources susceptibles d'apporter les renseignements souhaités.
• Être capable de construire un questionnement pertinent par rapport au thème choisi.
• Être capable de mener des échanges langagiers en respectant les principes de fonctionnement de l'interview (rituels, jeu des questions/réponses...).
• Être capable d'utiliser les outils linguistiques appropriés à la situation (forme interrogative, adverbes et pronoms interrogatifs).
• Être capable de traiter les données recueillies pour obtenir les réponses au problème posé ou pour réorganiser son savoir.

Rôle de l'enseignant

• L'enseignant provoque des questionnements permettant la réalisation de projets ou l'agrandissement du stock de connaissances.
• Il permet la découverte de personnes-ressources qu'il faudra interviewer, aide les élèves à construire le questionnement.
• Il s'efforce de ne pas intervenir (ou seulement en cas de dérapage) lors de la conduite de l'interview.

Sommaire activités

Fiche outils

Objectif principal

Dégager l'enjeu et les principes de fonctionnement d'une interview, son utilisation au sein d'une enquête, et construire une fiche outils réutilisable en situation fonctionnelle ou fictive.

Durée

1 heure environ

Dispositif pédagogique

Groupe classe

Matériel supports

Cassette vidéo : partie *interview* ou émissions de télévision enregistrées par l'enseignant ou interviews enregistrées réalisées par l'enseignant.

Déroulement des opérations

PHASE 1 : visionnement d'interviews. *Exemples (cassette vidéo)*

– Interview 1 : un enseignant interviewe le jardinier de l'école.
– Interview 2 : une classe interviewe un chanteur pour enfants.

PHASE 2 : recherche des caractéristiques de l'interview.

à partir d'un questionnement oral proposé par l'enseignant.

Exemples : Qui parle à qui?
Pour quoi faire?
Comment s'y prend-il?
Où cela peut-il se passer ?

Les remarques des élèves sont consignées au tableau au fur et à mesure par l'enseignant. L'enseignant s'efforce ensuite de faire émerger le rôle de l'interview au sein de l'enquête en faisant appel aux savoirs déjà connus des élèves (vécu scolaire ou émissions documentaires de télévision pour la jeunesse).

PHASE 3 : élaboration de la fiche outils.

À partir de toutes les remarques précédentes, classées et ordonnées, une fiche outils est élaborée (sur grande affiche collective) et recopiée lorsque c'est possible (C.P./C.E.1) dans un cahier destiné à garder une trace du travail accompli et servant de référence pour tous les types d'oraux étudiés.

exemple **Pour faire une interview, il faut :**

- réfléchir aux renseignements que l'on souhaite obtenir ;
- chercher quelles personnes peuvent nous apporter les renseignements souhaités ;
- préparer des questions ;
- savoir poser les questions aux personnes-ressources ;
- écouter les réponses sans couper la parole.

Exerçons-nous

Objectif principal

Conduire l'élève à prendre la parole et à écouter les réponses de l'interviewé en établissant un contact charnel socialisé (respect des rituels, degré de proximité, jeu des regards....).

Durée

2 heures environ (1 heure pour les phases 1 & 2, 30 minutes pour les interviews, 30 minutes pour la phase 4).

Dispositif pédagogique

PHASES 1 & 4 : collectives.
PHASE 2 : par groupes puis collective.
PHASE 3 : un élève représentant le groupe mène l'interview.

Matériel supports

Caméscope ou à défaut, magnétophone.

Déroulement des opérations

PHASE 1 : visionnement d'interviews.
On pourra reprendre les interviews utilisées dans la fiche outils ou d'autres interviews enregistrées par l'enseignant ; l'essentiel est que les élèves puissent dégager les compétences communicationnelles non encore repérées. L'enseignant attire l'attention des élèves sur la façon de commencer l'échange langagier, de le terminer, d'introduire le sujet, sur la façon de se tenir et d'occuper l'espace... Les remarques des élèves sont alors consignées et viennent enrichir la fiche outils :
Exemple : pour réaliser une interview, il faut :
- dire bonjour et se présenter ;
- dire pourquoi on veut interviewer cette personne ;
- ne pas se tenir trop loin, ni trop près ;
- regarder la personne ;
- remercier à la fin ;
- prendre congé.

PHASE 2 : préparation d'interviews d'adultes connus des élèves.
Le directeur et les enseignants des autres classes (ou d'autres adultes fréquentant l'école) seront interviewés par les élèves à la récréation pour savoir ce qu'ils pensent des nouveaux locaux (réfection de salles pendant les vacances, installation d'une B.C.D. ou transfert dans des locaux neufs...).
Chaque groupe prépare deux ou trois questions. Une synthèse collective permet de choisir les plus pertinentes :
Exemple : Êtes-vous satisfait des nouveaux locaux ?
Pourquoi ?
Auriez-vous souhaité autre chose ?

PHASE 3 : passation des interviews.
Chaque groupe interroge un adulte.
Pendant la réalisation d'une interview, les autres groupes sont observateurs

PHASE 4 : analyse des productions.
Lors du retour en classe, on analyse les réactions des interviewers et des interviewés et l'on observe si l'on a respecté les critères dégagés lors de la phase 1.

Critères de réussite

- Respect des critères consignés dans la fiche outils.
- Obtention des renseignements souhaités.

Variantes

Tout événement nouveau concernant la vie de l'école peut donner lieu à une séquence de ce type : aménagement de la semaine scolaire, installation de micro-ordinateurs...

Liaisons oral/écrit

Écriture du questionnaire, travail sur la forme interrogative.

Enquête dans le quartier (1)

Objectif principal

Conduire l'élève à tenir compte du lieu social et du lieu concret de la communication (rue, quartier, bibliothèque, lieux divers) et à utiliser un matériel adéquat (micro, magnétophone) en autonomie.

Durée

2 heures environ.

Dispositif pédagogique

Phases 1 & 2 : collectives.
Phase 3 : par groupes. Dans la rue, plusieurs groupes en même temps. Dans les magasins, un groupe par commerçant.

Matériel supports

- Magnétophones (un par groupe).
- Caméscope éventuellement pour l'enseignant.

Déroulement des opérations

Phase 1 : émergence et définition du projet.
Un aménagement du quartier ou du village a donné lieu à une discussion en classe. Les enfants se sont exprimés sur le sujet, ont donné leur point de vue. Il peut s'agir de la création d'une sculpture, d'une fontaine, d'un rond-point fleuri, d'une salle polyvalente, etc. Il serait intéressant de savoir ce qu'en pensent les gens du quartier, directement concernés. Les élèves avec l'aide de leur enseignant décident de mener une enquête.

Phase 2 : recherche des moyens pour atteindre l'objectif.

– Comment recueillir les renseignements souhaités ?
Une discussion est engagée, prenant en compte les contraintes de la réalisation : interroger un nombre important de personnes, à quel moment, sous quelle forme, où… ?
Plusieurs choix sont effectués. On choisit d'interviewer les parents qui attendent leurs enfants à la sortie de l'école et les commerçants de la rue ou du quartier (selon l'importance) pendant le temps scolaire, dans leur magasin.
Les élèves seront répartis par groupes, prendront en charge l'interview et le recueil des données grâce à un magnétophone dont le maniement sera revu.

– Quelles questions poser ?
Après une recherche individuelle, un choix collectif est effectué. On se limitera à quelques questions simples, du type :
- Est-ce que vous aimez la nouvelle fontaine ? Pourquoi ?
- Auriez-vous préféré autre chose ? Pourquoi ?

Phase 3 : passation des interviews.
Par petits groupes, les enfants interviewent les parents (l'un pose les questions, un autre se charge du matériel) pendant le quart d'heure qui précède la sortie des classes, sur le trottoir. Pendant le temps scolaire, ils se rendent successivement chez les commerçants choisis avec l'enseignant.

Critères de réussite

- Proposer une organisation pertinente compte tenu des contraintes liées à la situation.
- Savoir utiliser le matériel à bon escient.
- Respecter les critères de l'interview déjà connus.

Variantes

- Introduire d'autres lieux et d'autres interviewés (interview de passants dans la rue, par exemple).
- Introduire pour certains groupes (et selon les niveaux) le support papier (sur tablettes de contreplaqué ou autre support rigide) pour comparer les outils et leur efficacité.

Liaisons oral/écrit

Recherche par écrit des questions à poser (au C.P. et C.E.1), travail sur la forme interrogative (C.E.1).

Enquête dans le quartier (2)

Objectif principal

Conduire l'élève à traiter les données recueillies pour enrichir son savoir et à prendre conscience des incidences de la forme prise par le questionnement sur le traitement des données.

Durée

1 heure 30 environ en deux séances.

Matériel supports

Interviews enregistrées au magnétophone.

Dispositif pédagogique

PHASES 1 & 2 : collectives.
PHASE 3 : par groupes puis collective.

Déroulement des opérations

PHASE 1 : recueil des données à partir des enregistrements.
Après écoute des enregistrements, un recensement au tableau des réponses obtenues est effectué. Deux colonnes font apparaître respectivement le point de vue des parents et celui des commerçants.

PHASE 2 : analyse des résultats.
L'analyse des résultats permet de dégager soit une unanimité soit des points de vue contrastés, et ce à l'intérieur de chaque catégorie. On se posera le problème de savoir pourquoi. De même les justifications fournies par les interviewés peuvent être très diverses ou au contraire presque identiques, voire absentes. Là encore, on pourra s'interroger : *Y avait-il d'autres réponses possibles ? Les réponses obtenues peuvent-elles être mises en rapport avec la profession des interviewés ?* (par exemple, tel ou tel commerçant peut préférer un parking près de chez lui pour permettre aux gens de faire plus facilement leurs courses). D'autre part, de nouvelles questions peuvent apparaître :

- *Les personnes interrogées ont-elles été bien choisies ?*
- *L'échantillonnage nous donne-t-il une idée précise de ce que pensent les habitants du quartier ?*
- *Comment atteindre plus de personnes ? sous quelle forme ?*
- *Comment analyser les réponses plus facilement ?*
- *Y aurait-il de nouvelles questions à poser ?*

L'idée d'un questionnaire écrit distribué à plus grande échelle peut être ainsi proposée par les élèves ou suscitée par l'enseignant à partir de l'observation de questionnaires d'enquête faisant apparaître des Q.C.M. par exemple.

PHASE 3 : nouvelle production (éventuelle).
À partir des remarques faites, remodeler les questionnaires dans le sens d'une plus grande efficacité, soit pour l'interview, soit pour une enquête écrite.

Critères de réussite

- Être capable d'effectuer une synthèse des résultats, de formuler des problèmes, d'apporter de nouvelles solutions.
- Savoir être efficace, formuler des questions pertinentes.

Variantes

Toute enquête nécessitant de travailler sur un échantillonnage de la population, sur un sujet accessible aux enfants et les concernant, peut donner lieu à un travail de ce type.

Liaisons oral/écrit

Rédaction d'un compte rendu d'enquête pour le journal scolaire comportant, par exemple, une synthèse des résultats sous forme de tableau ou de grille.

La fête du livre (1)

Objectif principal

Conduire l'élève à respecter la structure de l'interview.

Durée

Phase 1 : travail étalé sur plusieurs semaines.
Phases 2 & 3 : 1 heure environ.
Phases 4 & 5 : 1 heure environ.

Dispositif pédagogique

PHASES 1, 2 & 5 : collectives.
PHASE 3 : travail par groupes.
PHASE 4 : un groupe interviewe, les autres sont observateurs.

Matériel supports

- Plaquette de présentation de la manifestation *la fête du livre*.
- Articles de journaux présentant la manifestation (éventuellement de l'année précédente).
- Ouvrages d'auteurs jeunesse invités à la fête du livre.

Déroulement des opérations

PHASE 1 : définition du projet.
Il s'agit d'aller rencontrer des auteurs jeunesse présents lors de la fête du livre (qui réunit annuellement des éditeurs, auteurs et illustrateurs) et de les interviewer pour augmenter ses connaissances sur les livres, les auteurs, le travail de l'écrivain, etc. Cette première phase comporte :
- la lecture découverte de la plaquette de présentation de la manifestation,
- la découverte d'articles de la presse locale présentant l'événement,
- la lecture d'albums des auteurs invités.

PHASE 2 : définition des tâches à réaliser.
Il s'agit, en fonction des contraintes locales et des disponibilités des écrivains, de faire le point sur les personnes-ressources que l'on va interviewer et sur ce que l'on attend d'eux. Que peut-on demander à un auteur, à un illustrateur, à un auteur-illustrateur ?

PHASE 3 : préparation des interviews.
Par groupes, les enfants réfléchissent aux questions qu'ils aimeraient poser aux personnes-ressources retenues et dans quel ordre il convient de les poser. Au C.P. et au C.E.1, ces questions pourront être écrites. Selon le nombre de personnes interviewées, il est possible de se répartir les tâches (un groupe interviewe un auteur, un autre groupe, un illustrateur...).

PHASE 4 : jeux de rôles, simulation de la rencontre.
Chaque groupe s'essaie à l'interview, l'enseignant simulant le rôle de la personne interviewée pour essayer de tester la pertinence des questions et le respect des rituels qui figurent dans la fiche outils.

PHASE 5 : analyse des prestations, repérage des dysfonctionnements éventuels et amélioration des questionnaires. À l'issue de cette simulation, il conviendra de rappeler l'importance des rituels de début et de fin d'interview. Certaines questions pourront être supprimées, ou modifiées, d'autres ajoutées.

Critères de réussite

- Respect de la structure de l'interview lors de la simulation.
- Pertinence et formulation correcte des questions à poser à l'interviewé.

Variantes

Toute manifestation locale d'envergure, sportive ou culturelle, susceptible d'intéresser les élèves de ce cycle peut donner lieu à un travail identique (semaine de la poésie, festival du film d'animation...).

Liaisons oral/écrit

- Lecture d'interviews d'auteurs dans la presse enfantine pour enrichir éventuellement les questionnaires.
- Rédaction des questionnaires.

La fête du livre (2)

Objectif principal

Conduire l'élève à faire évoluer l'échange langagier en fonction des réponses obtenues.

Durée

2 heures au total (hors temps de déplacement) en plusieurs séances de 30 à 45 minutes.

Dispositif pédagogique

Phase 1 : un groupe interviewe un auteur, les autres sont observateurs.
Phases 2, 4 & 5 : collectives.
Phase 3 : les autres groupes interviewent successivement les autres personnes.

Matériel supports

- Magnétophone, caméscope.
- Questionnaires préparés pour les différentes interviews.

Déroulement des opérations

Phase 1 : réalisation d'une première interview.
On profitera de la présence d'un des auteurs dans l'école pour réaliser une première interview, à partir d'un des questionnaires élaborés lors de la phase précédente (voir page 38). À défaut, il faudra prévoir deux sorties à la fête du livre, l'une pour réaliser cette interview, l'autre pour réaliser les suivantes. L'enseignant aura préalablement recherché la complicité de l'auteur qui, informé du contenu des questionnaires, devra anticiper quelque peu les réponses à certaines questions.
L'enseignant filme si possible (ou à défaut enregistre) l'interview.

Phase 2 : visionnement et analyse de l'interview.
Les élèves regardent si tous les critères consignés dans la fiche outils ont été respectés. Il se peut que malgré la bonne prise en compte des critères un dysfonctionnement nouveau soit mis à jour. Les élèves du groupe se sont peut-être trop enfermés dans le questionnement prévu, en posant des questions dont on avait déjà la réponse, ou bien ils se sont trouvés bloqués et incapables de poursuivre l'interview parce qu'ils ne voyaient pas l'utilité de la nouvelle question à poser. Un nouveau critère doit donc apparaître dans la fiche outils.
Il faut tenir compte de ce que dit l'interviewé, et par conséquent :
- *ne pas poser une question dont on a déjà la réponse,*
- *ne pas hésiter à sauter des questions en fonction des réponses obtenues,*
- *si l'on peut, formuler de nouvelles questions.*

Phase 3 : réalisation de nouvelles interviews.
Les autres personnes-ressources choisies lors de la préparation sont interrogées ; on essaie de tenir compte des remarques faites lors de la phase 2.

Phase 4 : observation et analyse des nouvelles interviews.

Phase 5 : synthèse sur les données recueillies sur les auteurs, la fabrication d'un livre, le travail de l'illustrateur...

Critères de réussite

- Aptitude à faire évoluer l'échange langagier à partir des réponses de l'interviewé.
- Obtention des renseignements souhaités.

Variantes

La première interview peut être simulée avec la complicité d'un autre adulte (autre enseignant, écrivain local connu de l'enseignant) si l'on juge que l'interview de l'auteur de la fête du livre doit rester « authentique ».

Liaisons oral/écrit

Écriture d'articles dans le journal de l'école : compte rendu de visite, interviews transcrits... ou réalisation d'un petit fichier sur les auteurs rencontrés à partir des données recueillies.

Les petits reporters au marché

Objectif principal

Conduire l'élève à construire un questionnement pertinent par rapport au thème choisi en utilisant les outils linguistiques appropriés à la situation : forme interrogative, pronoms interrogatifs.

Durée

3 heures environ, réparties en 3 séances.

Dispositif pédagogique

PHASES 1 & 4 : collectives.
PHASE 2 : travail par groupes puis synthèse collective.
PHASE 3 : un groupe interviewe un commerçant.

Matériel supports

- Fiche outils de l'interview.
- Des personnes ressources (commerçants) contactées auparavant par l'enseignant.
- Magnétophone (éventuellement caméscope).

Déroulement des opérations

PHASE 1 : définition de la tâche.
Dans le cadre d'un projet sur la connaissance de l'environnement (découverte de la ville et de ses quartiers) les élèves recherchent avec l'aide de l'enseignant le moyen de mieux connaître le marché couvert. L'idée d'interviewer les commerçants est alors émise. On liste les personnes à rencontrer : boulanger, charcutier, etc.

PHASE 2 : préparation de l'enquête et des interviews.
Par petits groupes, les élèves recherchent les renseignements qu'ils souhaitent obtenir. Une synthèse collective est ensuite effectuée et donne lieu à un premier tableau tenant compte de toutes les idées intéressantes.

Exemple : On voudrait savoir :
- *d'où proviennent leurs marchandises,*
- *ce qu'ils vendent le plus,*
- *combien ils ont de clients en une journée, etc.*
- *combien d'heures par jour ils travaillent...*

Ce tableau se modifie ensuite à partir de cette consigne :
Quelles questions doit-on leur poser pour avoir les renseignements ?
- *D'où proviennent vos marchandises ?*
- *Que vendez-vous le plus ?*
- *Combien de clients avez-vous en une journée ?*
- *Combien d'heures par jour travaillez-vous ?*

PHASE 3 : passation des interviews, au marché couvert, après répartition des tâches. Un groupe est responsable d'une interview...

PHASE 4 : traitement des données recueillies.
Lors du retour en classe, un bilan des renseignements obtenus est effectué. Si nécessaire, on peut écouter l'enregistrement effectué par l'enseignant. Les dysfonctionnements éventuels dans la conduite de l'interview sont mis en évidence.

Critères de réussite

- Utilisation correcte des outils linguistiques lors des interviews.
- Obtention des renseignements souhaités.

Variantes

Autres sujets possibles pouvant donner lieu à des enquêtes de ce type : foire exposition, journée des artisans, etc.

Liaisons oral/écrit

- Travail grammatical à mener en parallèle au C.E.1 sur la phrase interrogative.
- Écriture d'un compte rendu pour le journal de l'école ou d'un panneau d'exposition sur la connaissance de la ville.

Les métiers d'autrefois au village

Objectif principal

Conduire l'élève à réinvestir les connaissances acquises dans le domaine de l'interview dans le cadre d'une enquête historique.

Durée

4 heures (phases 1 & 2 : 1 heure ; phase 3 : 1 heure ; phase 4 : 1 heure).

Dispositif pédagogique

PHASE 1 : collective.
PHASES 2 & 3 : travail de groupes.
PHASE 4 : travail de groupes puis collective.

Matériel supports

- Magnétophone, caméscope éventuellement.
- Documents sur le sujet de l'enquête.

Déroulement des opérations

PHASE 1 : définition de la tâche à réaliser.
Il s'agit dans un premier temps de préciser clairement le sujet de l'enquête, les personnes-ressources à interviewer et le but de l'enquête (article dans le journal scolaire, exposé à une autre classe, exposition...). Certains métiers ayant disparu (sabotier, par exemple), on s'intéressera aux raisons de cette disparition et au type de témoignage que l'on peut avoir encore aujourd'hui.

PHASE 2 : construction d'une stratégie d'ensemble.
Les élèves répartis en petits groupes en fonction des types de métiers essaient de construire un questionnement pertinent avant l'interview. Ils s'aident pour préparer cette étape des documents sélectionnés par l'enseignant sur le métier étudié.

PHASE 3 : passation des interviews, collecte des données.
Avec un accompagnateur par groupe (directeur de l'école, parent...) les enfants se rendent sur place lorsque c'est possible (ateliers des artisans) ou accueillent à l'école les personnes ressources (avec leurs documents, outils et matériels) et réalisent alors les interviews préparées.

PHASE 4 : traitement des données.
Par groupe, les enfants analysent les résultats et les réponses aux questions pour en faire une synthèse.
Chaque groupe présente aux autres le produit de ses recherches. Un petit document écrit peut être réalisé par le groupe, au C.E.1.
Un travail d'approfondissement sera mené en expression écrite ultérieurement en fonction de la socialisation envisagée (rédaction de textes pour exposition, articles...).

Critères de réussite

- Obtention des renseignements souhaités.
- Rapidité dans le traitement des données.

Variantes

En fonction des conditions locales, on peut modifier le sujet : l'école autrefois, les commerces du quartier autrefois...

Liaisons oral/écrit

Écriture d'articles pour le journal de l'école ou de textes informatifs pour une exposition de fin d'année, après étude des caractéristiques textuelles de ce type d'écrit.

Pour faire des marionnettes

Objectif principal

Conduire l'élève à réinvestir les compétences acquises sur l'interview dans une situation fonctionnelle : fabriquer des marionnettes dans le cadre d'un projet théâtre.

Durée

3 heures (phases 1 & 2 : 1 heure ; phase 3 : 1 heure ; phase 4 : 1 heure).

Dispositif pédagogique

PHASES 1 & 4 : collective.
PHASES 2 & 3 : travail de groupes.

Matériel supports

- Magnétophone.
- Documents sur les personnes-ressources locales et sur les types de fabrication des marionnettes.

Déroulement des opérations

PHASE 1 : définition de la tâche à réaliser.
La réalisation d'un projet théâtre implique que l'action ait été présentée et hiérarchisée auparavant. La réalisation de marionnettes représente un des volets de ce projet. (Il est nécessaire que les élèves assistent à un spectacle de marionnettes auparavant.)
Lors de cette phase, les enfants doivent lister leurs besoins techniques et leurs souhaits de réalisation par rapport au projet global.

PHASE 2 : construction d'une stratégie d'ensemble.
Les élèves sont répartis en deux groupes. L'un des deux sera chargé de l'interview d'un artiste fabricant de marionnettes et s'intéressera à l'aspect des réalisations.
L'autre groupe préparera l'interview du même artiste mais s'intéressera au côté narration, mise en scène et intérêt des marionnettes dans un projet théâtre.

PHASE 3 : passation des interviews, collecte des données.
Les deux équipes interviewent successivement la personne-ressource. Tandis qu'un groupe interviewe, l'autre est observateur.

PHASE 4 : traitement des données, prise de décisions.
Les élèves font la synthèse de ce qu'ils ont appris. Si nécessaire, ils écoutent la bande enregistrée au magnétophone.
En fonction des renseignements obtenus, ils décident de contacter ou non une autre personne pour affiner leurs connaissances et prennent des décisions pour réaliser les marionnettes.

Critères de réussite

- Obtention des renseignements souhaités.
- Savoir préparer deux types d'interviews avec la même personne-ressource en fonction d'intentions différentes.

Variantes

Autres situations de création dans le cadre de projets théâtre (théâtre d'ombres...) ou artistiques (réalisation de fresques, sculptures...).

Liaisons oral/écrit

- Rédaction d'un cahier des charges pour la réalisation et l'utilisation des marionnettes.
- Rédaction de fiches techniques sur la réalisation des marionnettes après étude du texte injonctif.

Sherlo-Coq mène l'enquête

Objectif principal

Conduire l'élève à réinvestir ses connaissances sur l'interview et l'enquête dans une situation de création : un projet de lecture/écriture nécessitant une enquête policière (exemple : une aventure de Sherlo-Coq).

Durée

2 heures en 2 séances.

Dispositif pédagogique

PHASES 1 & 4 : collectives.
PHASE 2 : travail par groupes.
PHASE 3 : les acteurs de la scène.

Matériel supports

De courtes nouvelles policières ou des albums accessibles à des élèves de cycle 2 : *Les Aventures d'Arsène Lapin*, P. Coran, Éditions Casterman.
Sherlock Heml'os mène l'enquête, J. Razzi, collection « Copain », Éditions Hachette.
Les Lapins de madame Carmel, G. Jimenes, « *J'aime lire* », Éditions Bayard.

Déroulement des opérations

PHASE 1 : définition de la tâche à réaliser.
Dans le cadre du projet de lecture/écriture choisi, les enfants ont, à ce stade, lu ou entendu plusieurs histoires relevant du genre policier et connaissent bien les ingrédients de base d'une enquête policière simple. Les critères retenus (méfait, enquête menée par un détective, recherche d'indices, fausses pistes, découverte du coupable...) sont consignés dans une fiche outils utilisable par les élèves.
L'enseignant rappelle le scénario imaginé par les enfants : *le détective Sherlo-Coq découvre un jour que quelque chose d'inhabituel se passe dans la forêt (nids détruits, branches cassées, animaux tristes…) et interroge les animaux (un oiseau, un écureuil, une biche...). Le coupable n'est pas un sanglier suspecté à tort mais une usine installée à proximité qui pollue la forêt.* Il faudra donc imaginer la scène au cours de laquelle l'enquêteur interroge des témoins ou des suspects.

PHASE 2 : recherche par groupe.
Il s'agit de se mettre dans la peau des personnages, de préparer les questions de l'enquêteur et les réponses des témoins en trouvant des arguments pour se disculper ou en apportant un témoignage intéressant susceptible de mener l'enquêteur sur la piste du coupable.

PHASE 3 : jeux de rôles.
Chaque groupe joue la scène qu'il a imaginée à partir de la situation proposée. On peut faire plusieurs essais en permutant les enfants choisis par le groupe. L'enseignant peut enregistrer ou filmer pour améliorer les scènes.

PHASE 4 : analyse des productions.
Discussion à partir des prestations des élèves. *Quel groupe a été le plus convaincant ? Quel enquêteur a été le plus habile ? Comment le sanglier s'est-il disculpé ?* etc. Des choix sont ensuite effectués pour l'écriture du texte.

Critères de réussite

- Savoir mener des échanges langagiers en se glissant dans la peau d'un personnage fictif.
- Trouver des réponses pertinentes adaptées à la situation.

Variantes

Proposer des situations inductrices proches de la vie des élèves : vol à l'école, carreau cassé, etc. et mettre en place des jeux de rôles à partir de personnages connus (directeur, maîtresse, enfants...).

Liaisons oral/écrit

Écriture collective de la scène d'interrogatoire.

Scénario

Interview 1

Interview par l'enseignant du jardinier qui s'occupe des espaces verts autour de l'école.

L'enseignant : Bonjour, monsieur Chardonnet ! Quel beau temps pour jardiner, pas vrai !

Le jardinier : Ah oui alors ! on se croirait presque au printemps et pourtant on n'est qu'en février.

L'enseignant : Quand je vous ai vu ce matin, il m'est venu une idée. Voilà : mes petits élèves, à la rentrée des vacances, trouveront les espaces verts autour de l'école tout transformés. Afin qu'ils comprennent ce qui s'est passé pendant leur absence, me permettez-vous de vous poser quelques questions et de vous enregistrer ?

Le jardinier : Bien volontiers ! Attendez, je pose mes outils et je me rapproche du micro.

L'enseignant : Pouvez-vous d'abord leur expliquer ce que vous êtes en train de faire en ce moment ?

Le jardinier : Eh bien, voyez-vous, je taille les arbustes qui fleuriront pendant l'été.

L'enseignant : Y a-t-il une époque précise pour faire cela ?

Le jardinier : C'est le moment, pendant l'hiver, avant que la végétation reparte, mais attention il faut pas le faire par temps de gel !

L'enseignant : Pourquoi ?

Le jardinier : Ça les abîmerait, ils ne fleuriraient pas normalement.

L'enseignant : Qu'allez-vous faire ensuite ?

Le jardinier : Aménager ce massif, là-bas, vers la haie d'aubépines. Je vais planter des pensées et des primevères.

L'enseignant : Comme au nouveau rond-point vers la gare, qui est magnifique d'ailleurs. Je trouve cette association de bleu et de jaune très réussie.

Le jardinier : Oui, c'est un vrai travail d'artiste.

L'enseignant : Est-ce que ce travail vous plaît ?

Le jardinier : Oui, moi j'aime bien travailler en plein air et ça me plaît de mettre un peu de gaieté dans les villes. Y'en a besoin parfois !

L'enseignant : C'est vrai. En tout cas, merci, monsieur Chardonnet, d'avoir répondu à mes questions. À très bientôt.

Scénario

Interview 2

Des élèves et leur enseignant interviewent Thomas, un chanteur pour enfants, après son spectacle.

L'enseignant : Bonjour, Thomas. Merci d'avoir accepté de nous recevoir après votre spectacle. Vous savez que notre classe va écrire une chanson et participer avec d'autres à un petit concert organisé dans le cadre de la semaine de la musique. Les enfants, qui apprécient beaucoup vos chansons et vos spectacles, avaient envie de mieux vous connaître et ont préparé quelques questions.

Élève 1 : Comment vous est venue l'idée de chanter pour les enfants ?

Thomas : J'ai toujours été passionné par la chanson. J'ai commencé à écrire des textes que j'ai mis en musique, pour le plaisir. Je les ai chantés à mon petit garçon, qui a maintenant dix ans, puis aux enfants malades de l'hôpital. Et comme ça leur a plu, l'idée m'est venue d'en faire profiter un plus large public, d'autres enfants comme vous.

Élève 2 : Combien donnez-vous de concerts par an ?

Thomas : C'est très variable. Cela dépend des demandes qui me sont faites. Une quinzaine tout au plus. Mais ce n'est pas mon activité principale ; j'ai un métier que j'aime beaucoup : professeur à l'école de musique.

Élève 1 : Justement, de quels instruments jouez-vous ?

Thomas : J'ai une formation de clarinettiste mais je touche un peu à tout. Vous avez vu, sur scène je joue de la guitare, de la clarinette, du basson. J'utilise aussi des objets de toutes sortes pour faire des bruitages.

Élève 2 : Vos chansons nous plaisent énormément. Y a-t-il une recette pour écrire des chansons pour les enfants ?

Thomas : Une recette ? Eh bien, disons… Prenez d'abord les ingrédients principaux qui sont le rythme, la fantaisie, la drôlerie ; ajoutez un petit brin de coquinerie et une pincée de rêve aussi, bien sûr, comme dans « la locomotivétoile ». Et vous servez tout chaud !

Élève 1 : Allez-vous sortir bientôt un nouveau CD ?

Thomas : Oui, peut-être avant la fin de l'année, avec beaucoup de nouveaux titres.

L'enseignant : Encore une fois, merci de votre gentillesse. Nous vous ferons parvenir notre texte de chanson dès que nous l'aurons écrit. Pourrez-vous nous donner votre avis et nous conseiller ?

Thomas : Avec grand plaisir.

Le récit oral

Définition

Échange par lequel un énonciateur (ra/conteur) essaie de captiver X énonciataires (son public) grâce à une trame d'événements et de séquences qu'il juge nécessaires à son entreprise : mise en scène, digression, bruitage, aparté…

Définition

Définition

Définition

Un conteur, invité par l'école, raconte aux élèves une histoire qu'il fait vivre avec ses marionnettes.

Objectifs spécifiques

Dégager **l'enjeu et les principes de fonctionnement** du récit oral et commencer à construire une fiche outils évolutive, réutilisable en situation fonctionnelle ou fictive.

Conduire l'élève à vaincre sa peur en affrontant un public, à adapter sa voix, sa posture et sa gestuelle afin de théâtraliser une histoire lue ou entendue.

Conduire l'élève à insérer des séquences dialogales et à savoir tenir des rôles différents.

Conduire l'élève à respecter le programme narratif des personnages, à imaginer une clôture narrative à partir d'un début de récit fourni par l'enseignant.

Conduire l'élève à bien enchaîner les différentes parties de son récit en utilisant des organisateurs temporels variés et adaptés à la situation.

Conduire l'élève à utiliser des outils linguistiques (pronoms, noms propres, substituts lexicaux) pour désigner les personnages.

Conduire l'élève à insérer des commentaires du narrateur.

Conduire l'élève à raconter une histoire en changeant son point de vue.

Conduire l'élève à réinvestir les connaissances acquises sur le récit oral à partir d'une **situation vécue :** raconter une histoire personnelle en faisant part de ses impressions, sentiments.

Conduire l'élève à réinvestir les connaissances acquises sur le récit oral dans une **situation de création :** raconter une histoire imaginée à partir d'un binôme imaginatif (à la manière de Gianni Rodari).

Fonction dominante

Raconter une histoire cohérente en intéressant un public, s'exprimer, jouer avec un texte.

Compétences visées

- Vaincre sa peur en affrontant un public.
- Tenir compte de l'enjeu de la communication : intéresser, séduire le public.
- Adapter sa voix, sa posture et sa gestuelle afin de théâtraliser l'histoire.
- Savoir tenir des rôles différents.

- Connaître la structure du récit.
- Savoir imaginer une clôture narrative.
- Respecter le programme narratif des personnages.
- Savoir expanser une histoire à partir d'une trame en insérant :
  - des séquences dialogales,
  - des commentaires du narrateur.

- Savoir utiliser des organisateurs temporels variés et adaptés à la situation.
- Savoir utiliser des outils linguistiques variés (pronoms, nom propre, substituts lexicaux) pour désigner les personnages.

Rôle de l'enseignant

- L'enseignant raconte des histoires, invite si possible un conteur, fournissant ainsi des exemples vécus de récits oraux. Il peut aussi utiliser des émissions de télévision enregistrées comportant des récits oraux, s'il le juge souhaitable.
- L'enseignant propose des situations inductrices favorisant l'inventivité des élèves. Il précise les différentes contraintes.
- L'enseignant sollicite les élèves, mène le jeu.

Sommaire activités

Fiche outils

Objectif principal

Conduire les élèves à :
- dégager l'enjeu et les principes de fonctionnement d'un type d'oral : le récit oral.
- commencer une fiche outils évolutive et réutilisable en situation fonctionnelle ou fictive.

Durée

1 heure environ

Dispositif pédagogique

Groupe classe, travail collectif.

Matériel supports

– Cassette vidéo (partie « récit oral »).
– Présence de conteurs souhaitable en classe.

Déroulement des opérations

PHASE 1 : écoute de plusieurs récits oraux.

Il est souhaitable pour cette phase que des conteurs viennent en classe. Nous proposons cependant à titre d'exemple *L'Enfant qui criait au loup* (voir scénario page 59).

PHASE 2 : analyse des récits.

Les élèves recherchent les caractéristiques communes à ces trois récits à partir d'un questionnement oral proposé par l'enseignant.

Exemple : – qui parle, à qui ? pourquoi ?
– que fait le public ?
– que fait le conteur ?

Les remarques des élèves sont consignées au tableau par l'enseignant.

Exemples : – Il y a quelqu'un qui raconte une histoire à des enfants.
– Les enfants écoutent, rient, applaudissent…
– Il veut faire rire, faire peur, intéresser, etc.
– Il fait des gestes. Il s'adresse au public

PHASE 3 : élaboration de la fiche outils.

A partir des remarques des élèves et d'un affinement du questionnaire oral, une fiche outils est élaborée. Celle-ci sera ensuite recopiée dans un cahier destiné à garder une trace du travail effectué et complétée ultérieurement.

exemple **Pour faire un récit oral, nous devons :**

- raconter une histoire devant un public ;
- faire des gestes ;
- intéresser le public, l'amuser ou lui faire peur ;
- faire parler les personnages.

Des enfants conteurs

Objectif principal

Conduire l'élève à vaincre sa peur en affrontant un public : adapter sa voix, sa posture et sa gestuelle afin de théâtraliser une histoire lue ou entendue.

Durée

1 heure.

Dispositif pédagogique

Phase 1 : groupes de 4 enfants environ.
Phase 2 : 1 enfant représentant le groupe.
Phases 3 & 4 : collectives.

Matériel supports

Autant d'albums déjà lus et bien connus des enfants que de groupes. Ces albums devront être drôles ou inquiétants et comporter une trame narrative relativement simple.
Exemple : *Le Cochon dans la mare*, Martin Waddel, éditions Pastel.

Déroulement des opérations

Phase 1 : préparation des récits oraux.
Chaque groupe reçoit un album et le feuillette pour retrouver l'histoire. L'enseignant intervient dans les groupes et peut leur proposer en remédiation de s'aider des images.
Les élèves recherchent comment raconter en répondant aux questions que l'enseignant a l'habitude de poser après avoir écouté ou lu un récit :

- *que se passe-t-il au début ?*
- *quel problème arrive ?*
- *quelles aventures s'ensuivent ?*
- *quelle est la solution du problème ?*
- *et comment cela se termine-t-il ?*

Ensuite, les groupes se choisissent un représentant qui ira raconter l'histoire aux autres en montrant bien si elle est drôle, triste, à faire peur…

Phase 2 : présentation des albums.
Un enfant de chaque groupe raconte devant les autres élèves qui vérifient si les consignes sont respectées.

Phase 3 : analyse des productions.
Chaque récit est critiqué :
- a-t-il fait apparaître toutes les parties de l'histoire ?
- a-t-il pris en compte l'aspect (comique, inquiétant, etc.) spécifique de l'album ?

Chaque prestation est ensuite observée :
- laquelle a-t-on préférée et pourquoi ?
- a-t-on correctement compris, entendu ?
- l'enfant regardait-il le groupe, que faisait-il d'autre ?

Phase 4 : synthèse et affinement du critère (2) de la fiche outils selon les productions.
Dans un récit oral, il faut intéresser le public :
- parler sans peur, avec des gestes ou des voix différentes.

Critères de réussite

- Respect des consignes.
- Écoute et intérêt des spectateurs.

Variantes

Selon le niveau du cycle :
- les albums auront été lus ou écoutés.
- il est possible de travailler par groupes de niveau homogène et d'adapter le degré de difficulté de l'album aux compétences du groupe (album très simple pour enfants ayant des difficultés langagières).

Liaisons oral/écrit

En groupe ou individuellement, ajouter des bulles à une bande dessinée qui en est dépourvue, en jouant avec la police, la forme et la grosseur des caractères pour traduire l'émotion des personnages.

Faire parler les personnages

Objectif principal

Conduire l'élève à insérer des séquences dialogales et à savoir tenir des rôles différents.

Durée

1 heure environ.

Dispositif pédagogique

PHASES 1 & 2 : collectives.
PHASE 3 : par petits groupes.
PHASE 4 : un élève conteur par groupe devant les autres élèves.

Matériel supports

Plusieurs « contes à cortège » comportant des dialogues répétitifs (exemples : *Pouce Poussin*, *La Poulette qui s'appelait Trompette*, *Le Coq qui allait à Rome*).

Déroulement des opérations

PHASE 1 : découverte de contes à cortèges lus par l'enseignant.
L'enseignant lit plusieurs contes à cortège en théâtralisant l'histoire et en insistant bien sur la différence narrateur/personnages.
Les élèves comparent les contes entre eux et font des remarques sur les analogies ou les différences repérables.
Exemples :
« Il y a un animal qui a un problème et tous les autres le suivent parce qu'ils ont aussi un problème. »
« Les animaux parlent et ils disent presque la même chose. »
« Ça ne se termine pas toujours bien. »

PHASE 2 : étude des séquences dialogales.
L'enseignant attire l'attention des élèves sur la structure du dialogue dans ces contes.
Exemples dans *Pouce Poussin* :
– « Où allez-vous ? → question : la destination du voyage
– Le ciel tombe. → réponse
– Qui te l'a dit ? → question : origine de la réponse
– Le ciel → réponse
– Je viens avec toi. » → décision de partir aussi.

PHASE 3 : création de dialogues à partir d'un récit tronqué.
L'enseignant raconte un autre conte en supprimant les dialogues. Les élèves disposent donc d'une trame. Par petits groupes, ils imaginent alors les paroles des personnages en s'inspirant des dialogues observés dans les contes précédents.

PHASE 4 : théâtralisation des récits.
Un élève de chaque groupe raconte aux autres l'histoire en insérant les dialogues et en faisant vivre l'histoire. On compare alors les productions, on envisage des remédiations à partir des dysfonctionnements constatés.

Critères de réussite

- Respect de la structure répétitive du dialogue.
- Cohérence du dialogue par rapport à la trame fournie.
- Théâtralisation de l'histoire.

Variantes

Insérer directement des dialogues à partir de la trame fournie, au C.E.1, ou pour des groupes très à l'aise dans l'activité.

Liaisons oral/écrit

- Écriture des dialogues à partir d'un texte tronqué.
- Écriture d'un conte à cortège en opérant une transposition au niveau des lieux (mer, montagne…) et, bien sûr, des personnages afin d'éviter une pâle imitation.

Une histoire à poursuivre

Objectif principal

Conduire un élève à respecter le programme narratif des personnages et à imaginer une clôture narrative à partir d'un récit tronqué.

Durée

1 heure 30 minutes en 1 ou 2 séances.

Dispositif pédagogique

Phases 1, 3 & 4 : collectives.
Phase 2 : individuelle.

Matériel supports

Album *La Queue cassée*, Claude Boujon, L'École des loisirs.

Déroulement des opérations

Phase 1 : découverte d'un album.
L'enseignant lit l'album aux enfants jusqu'à la situation finale dont il cache le texte et les images (scène où l'oiseau fabrique une nouvelle queue pour Bobo).
Un enfant raconte à son tour l'histoire, en s'aidant des illustrations. L'enseignant incite les élèves à faire des remarques et les amène à dégager le programme narratif du héros par des questions. (Qui est le personnage principal ? Que veut-il ? Que se passe-t-il ou que fait-il ? A-t-il réussi ?)
Faire dégager aussi le rôle de l'oiseau au début de l'histoire. Faire prendre conscience aux élèves que l'histoire n'est pas finie et leur demander d'imaginer la fin.

Phase 2 : recherche individuelle d'une fin possible.
Les enfants dessinent la fin de l'histoire. Plusieurs solutions peuvent apparaître : Le singe n'a toujours pas d'ami et plus de queue. Le singe reste seul / il est consolé par l'oiseau. L'oiseau se moque de lui. / L'oiseau lui fabrique une queue et ils sont amis.

Phase 3 : inventaire des fins imaginées par les élèves.
Les dessins sont présentés oralement aux élèves. Les enfants, en décrivant leur dessin, racontent la fin qu'ils ont imaginée.

Phase 4 : analyse des productions.
- les dessins sont regroupés par solution et pour chacune, les élèves font des remarques.
- respect de la consigne : est-ce la fin de l'histoire ? (à mettre en regard avec le but du singe).
- les différences entre les solutions qui prennent en compte le problème de la queue et/ou de l'ami.
- comparaison avec la fin de l'album.

Critères de réussite

Fins en cohérence avec la situation initiale.

Variantes

- Le choix de l'album peut varier selon le niveau.
- Le travail peut se faire oralement, sans dessin et par petits groupes.

Liaisons oral/écrit

Écriture d'une fin à partir d'un autre récit inducteur tronqué, individuellement ou par petits groupes, selon les niveaux.

Enchaîner les étapes du récit

Objectif principal

Conduire l'élève à bien enchaîner les différentes parties de son récit en utilisant des organisateurs temporels variés et adaptés à la situation.

Durée

1 heure environ.

Dispositif pédagogique

PHASE 1 : deux élèves conteurs, puis travail collectif.
PHASES 2, 3 & 6 : collectives.
PHASE 4 : par groupes.
PHASE 5 : plusieurs élèves conteurs, les autres observateurs.

Matériel supports

Récits oraux experts et récits écrits déjà connus des élèves contenant de nombreux organisateurs temporels.

Déroulement des opérations

PHASE 1 : émergence du problème.
L'enseignant demande à deux élèves (dont les performances à l'oral se situent dans la moyenne de la classe) de raconter des histoires bien connues de l'ensemble de la classe. L'observation des discours produits doit permettre de mettre en évidence certains points positifs mais aussi des dysfonctionnements inévitables au cycle 2, notamment ceux qui ont trait à l'utilisation des organisateurs temporels (répétition de *et puis* ou de *alors*...).

PHASE 2 : repérage et tri des organisateurs temporels.
La comparaison avec les textes experts permet de focaliser l'attention des élèves sur l'enchaînement des phrases ou des grandes parties du texte. Un relevé des organisateurs suivi d'un classement est alors effectué collectivement. On pourra noter, par exemple :
- ceux qui servent à commencer le récit : *il était une fois, c'est l'histoire de...*
- ceux qui introduisent le problème : *un jour, soudain, c'est alors que...*
- ceux qui donnent des indications de durée : *trois jours plus tard, le lendemain...*
- ceux qui servent à indiquer que deux actions se passent en même temps : *pendant ce temps, au même moment...*
- ceux qui servent à terminer le récit : *depuis ce jour...*

PHASE 3 : préparation de récits oraux.
Chaque groupe a en charge une histoire déjà entendue et se prépare à en faire le récit oral en tenant compte des éléments dégagés lors de la phase 2. Il s'agit dans un premier temps de se remémorer l'histoire, puis de penser aux organisateurs nécessaires pour enchaîner les idées, sans oublier ensuite les critères déjà découverts pour raconter une histoire (voir fiche outils, p. 49).

PHASE 4 : théâtralisation des récits.
Un élève choisi par l'enseignant dans chaque groupe vient présenter son récit au reste de la classe. Les autres sont observateurs et repèrent en particulier l'utilisation qui est faite des organisateurs temporels.

PHASE 5 : analyse des productions.

PHASE 6 : ajout du critère découvert dans la fiche outils.
Pour enchaîner les parties du récit, il faut utiliser des mots variés indiquant le temps (voir classement de la phase 2).

Critères de réussite

Utilisation pertinente des organisateurs temporels dans les récits oraux présentés par chaque groupe.

Variantes

Pour la phase 3, possibilité au C.E.1 de travailler à partir d'une nouvelle histoire qu'il faudra découvrir d'abord à l'écrit.

Liaisons oral/écrit

Replacer des organisateurs temporels, à l'aide d'étiquettes, dans un texte qui en est dépourvu.

Désigner les personnages

Objectif principal

Conduire l'élève à utiliser des outils linguistiques (pronoms, noms propres, substituts nominaux) pour désigner les personnages.

Durée

1 heure.

Dispositif pédagogique

Phases 1 & 2 : collectives.
Phase 3 : petits groupes.
Phase 4 : un enfant par groupe.

Matériel supports

- Cassette vidéo *L'enfant qui criait au loup*.
- *Emile*, Tomi Ungerer, L'École des loisirs.
- Images séquentielles Schubi.

Déroulement des opérations

Phase 1 : écoute du récit oral.
Écouter le récit oral de la cassette ou éventuellement un album (par exemple, Emile).
À partir des questions de l'enseignant, dégager rapidement le programme narratif du personnage principal (Quel est le héros ? Quel est son but ?).

Phase 2 : repérage des reprises anaphoriques permettant de suivre le parcours du personnage dans le texte.
– Le texte du récit est affiché et l'enseignant le relit pour que les élèves indiquent, en les soulignant, tous les passages qui désignent Pierre :

l'enfant qui criait au loup - ce garçon - garnement - petit idiot - le gamin - le coquin - l' - il - lui - le Pierrot

ou Émile :

un poulpe, son sauveur, il, lui, le, brave poulpe, son vieil ami, notre héros à huit pattes.

– Les termes repérés sont consignés au tableau ou sur une grande affiche.
– Conclure cette phase en demandant aux élèves pourquoi on a autant de noms pour un seul personnage (éviter les répétitions, ajouter des détails, émettre un jugement…) ; à mettre en évidence dans la fiche outils.
– Faire un classement au tableau :
  - les mots neutres : *il, le, lui…*
  - les mots qui apportent des renseignements : *le coquin, ce garnement…*

Phase 3 : préparation de récits oraux à partir d'un support iconique.
Proposer des histoires muettes aux groupes et leur demander de préparer leur récit en utilisant plusieurs expressions pour désigner le personnage principal (images séquentielles).

Phase 4 : présentation et analyse des productions.
– Est-ce que l'on comprend bien ?
– Sait-on toujours de qui on parle sans répéter le même nom ?

Critères de réussite

- Utilisation correcte des pronoms.
- Utilisation pertinente de substituts lexicaux, qui enrichissent le récit.

Variantes

- Selon le niveau, on peut commencer par une lecture individuelle.
- La recherche des reprises anaphoriques peut se faire individuellement au C.E.1. Dans ce cas, prévoir 1 h 30 au total en 2 séances.
- Tout album présentant des reprises anaphoriques évidentes et intéressantes (exemple : *L'Afrique de Zigomar*, Philippe Corentin, L'École des loisirs.

Liaisons oral/écrit

Remplacer Pierre par Marie ou Émile par une baleine et réécrire l'histoire.

Un narrateur très bavard

Objectif principal

Conduire l'élève à insérer des commentaires du narrateur.

Durée

1 heure.

Dispositif pédagogique

PHASES 1, 2 & 5 : collectives.
PHASE 3 : petits groupes.
PHASE 4 : un élève de chaque groupe.

Matériel supports

L'album *L'Ogre, le loup, la petite fille et le gâteau*, Philippe Corentin, L'École des loisirs, ou cassette vidéo *Pierre et le Loup*.

Déroulement des opérations

PHASE 1 : découverte de l'album et du rôle du narrateur.
– Lecture théâtralisée par l'enseignant avec mise en valeur des digressions (*il est gros... il est malin, Eh non ! le loup ne se régalera pas...*).
– Questionnement de l'enseignant à propos des personnages (qui sont-ils ?) pour mettre en évidence qu'aucun n'est le narrateur.

PHASE 2 : recherche des commentaires du narrateur.
– Relecture par l'enseignant de l'histoire avec repérage des commentaires du narrateur par les élèves. Par exemple :

- *« C'est encore une histoire d'ogre, mais celle-là, elle est rigolote.*
- *Il est bien embêté l'ogre.*
- *Ça, c'est bon, la petite fille.*
- *Jeanine, c'est le nom de la petite fille, le loup c'est Dédé. »*

– Les commentaires sont notés au tableau pour être analysés : ils ne font pas progresser l'histoire, ils font rire, ils ajoutent des détails sur les personnages, sur l'histoire, sur ce que pense le narrateur.

PHASE 3 : recherche de commentaires à partir d'une histoire connue.
Les enfants sont répartis en groupes de trois ou quatre. Ils rappellent rapidement l'histoire du Petit Chaperon rouge et cherchent des commentaires à ajouter, portant sur les personnages ou sur le déroulement de l'histoire. L'enseignant aide en imposant des contraintes : répondre à des questions tout en racontant l'histoire *(que pensez-vous du loup, du chasseur, à votre avis, comment est la maison de la grand-mère, qu'auriez-vous fait à la place du petit chaperon rouge ?* etc.).

PHASE 4 : un élève de chaque groupe raconte l'histoire en insérant des commentaires.

PHASE 5 : analyse des productions.
– Y a-t-il eu réponse aux questions sans que cela nuise au fil du récit ?
– Mise en valeur ou ajout du critère : *« dans le récit oral on raconte une histoire en ajoutant des commentaires »*.

Critères de réussite

– Insertion pertinente de commentaires.
– Repérage des commentaires par les auditeurs.

Variantes

Les histoires peuvent varier selon le niveau du cycle. De plus, les questions de l'enseignant peuvent concerner toute la classe ou être différentes selon les groupes.

Liaisons oral/écrit

Écriture collective de l'histoire en insérant les commentaires du narrateur.

Un autre point de vue

Objectif principal

Conduire l'élève à raconter une histoire en changeant de point de vue.

Durée

45 minutes environ.

Dispositif pédagogique

PHASES 1 & 4 : collectives.
PHASE 2 : petits groupes.
PHASE 3 : un enfant par groupe.

Matériel supports

Une version de *Boucle d'or et les trois ours*.

Déroulement des opérations

PHASE 1 : rappel d'une histoire connue des enfants : *Boucle d'Or*.
– L'enseignant raconte l'histoire et vérifie par des questions la mémorisation et la compréhension de celle-ci. (Les enfants retrouvent les différents personnages : Boucle d'Or, Maman Ourse, Petit Ours.)
– Il attire ensuite l'attention des élèves sur le narrateur extérieur « qui raconte l'histoire ». Ce n'est pas un personnage, on ne le connaît pas…

PHASE 2 : préparation d'un récit selon un point de vue.
– L'enseignant fait réfléchir les élèves sur les sentiments des différents personnages par rapport à la situation, sur ce qu'ils savent ou ignorent, sur leurs caractéristiques (voix, démarche, colère, inquiétude…).
– Ensuite la classe est repartie en quatre groupes qui choisissent un des personnages et reconstruisent l'histoire du point de vue de celui-ci.
Vous allez vous mettre à la place de votre personnage et raconter cette histoire comme lui a pu la vivre, à la première personne en utilisant le *« je »*.

PHASE 3 : récits oraux des différents groupes.
Un enfant par groupe vient présenter la production du groupe et les autres recherchent les éléments qui expriment le point de vue.

PHASE 4 : comparaison des productions.
Les quatre récits comportent-ils des différences notables :
- *voix selon le personnage,*
- *préoccupations spécifiques (ménage pour la maman),*
- *ignorance du lieu pour la fillette,*
- *indignation pour l'ourson…*

Ajout d'un critère : l'histoire change selon le narrateur.

Critères de réussite

– Prise en compte des points de vue.
– Respect de la cohérence lorsqu'on change de narrateur.

Variantes

– Albums plus manichéens avec des gentils et des méchants, comme par exemple des histoires de loup.
– *La Brouille*, Claude Boujon, L'École des loisirs, racontée selon les lapins ou le renard.
– *Grand Pierre et Petit Jean* dans *7 histoires de souris*, Arnold Lobel, L'École des loisirs.

Liaisons oral/écrit

Écriture des passages différents des 4 versions à partir d'un canevas commun.

La dent de lait... et autres histoires vécues

Objectif principal

Conduire l'élève à réinvestir les connaissances acquises sur le récit oral à partir d'une situation vécue : raconter une histoire personnelle en faisant part de ses impressions ou sentiments.

Durée

1 heure 30 minutes en 2 séances.

Dispositif pédagogique

Phases 1 & 4 : collectives.
Phase 2 : petits groupes et individuelle.
Phase 3 : individuelle.

Matériel supports

Fiche outils récit oral.

Déroulement des opérations

Phase 1 : rappel de ce qui a été travaillé à propos du récit.
Lecture collective de la fiche outils avec commentaires des élèves (rappel des activités correspondantes).

Phase 2 : préparation de récits vécus par les élèves.
Profiter de tout ce que les enfants ont évoqué dans les jours précédents : perte d'une dent de lait, naissance dans la famille, visite exceptionnelle, blessure… L'enseignant explique le travail à faire en insistant sur la véracité de l'histoire mais aussi sur la nécessité de respecter les critères de la fiche outils. Il explique en outre qu'il faudra dire ce que l'on a ressenti, si l'on était content, triste, inquiet, en colère, etc. Les élèves choisissent de travailler seuls ou en petits groupes.

Phase 3 : présentation des productions.
Tous les enfants volontaires font leur récit oral en le théâtralisant comme ils l'entendent (importance de sa position : par exemple, le fauteuil du conteur).

Phase 4 : analyse des productions.
- Les narrateurs ont-ils intéressé les auditeurs ? Pourquoi ? Comment ?
- Ont-ils respecté les autres critères de la fiche outils ?
- Ont-ils bien dit ce qu'ils ont présenté ?

Critères de réussite

- Produire un récit cohérent.
- Intéresser l'auditoire.
- Faire part de ses sentiments.

Variantes

Écrire des récits de vie, à partir d'événements vécus par la classe pour le journal scolaire en indiquant ses réactions ou sentiments.

Liaisons oral/écrit

- Le récit peut être celui d'une activité de la classe (sortie neige, classe patrimoine, sortie en forêt, etc.).
- Il est possible d'écouter un récit de vie expert lors de la phase 1 pour aider les élèves (en fonction des niveaux).

La fourmi et l'ordinateur

Objectif principal

Conduire l'élève à réinvestir les connaissances acquises sur le récit oral dans une situation de création : raconter une histoire imaginée à partir d'un binôme imaginatif (à la manière de Gianni Rodari).

Durée

1 heure 30 minutes en 2 séances.

Dispositif pédagogique

Phases 1 & 4 : collectives.
Phase 2 : petits groupes.
Phase 3 : un enfant par groupe.

Matériel supports

Autant de titres d'histoires que de groupes, sur des étiquettes. Exemples : *La Fourmi et l'Ordinateur, L'Oiseau et le Chapeau melon, Le Robot et la Cafetière.*

Déroulement des opérations

Phase 1 : présentation du jeu.
Si l'activité décrite en page 57 n'a pas été menée, commencer par le rappel de la fiche outils. L'enseignant propose un jeu : à partir d'un titre, il faut inventer une histoire en respectant le schéma narratif (début, problème, aventures, solution et fin) et en provoquant l'intérêt des auditeurs.
« Raconter une histoire intéressante qui comporte toutes les étapes que nous connaissons. »

Phase 2 : création de l'histoire.
Les élèves sont répartis en groupes de trois ou quatre et tirent au sort une étiquette comportant un titre, par exemple : « *La Fourmi et l'Ordinateur* ». Ils travaillent par petits groupes et pour garder la trame de l'histoire, dessinent chaque situation-repère.

Phase 3 : présentation des productions.
À l'aide des dessins, un enfant de chaque groupe raconte l'histoire imaginée en la théâtralisant.

Phase 4 : analyse des productions.
Les histoires sont passées au crible de la fiche outils :
- a-t-on bien compris l'histoire ? Ce qui arrivait aux personnages ?
- a-t-il su nous intéresser ? Pourquoi ?

Critères de réussite

- Respect des critères de la fiche outils.
- Intérêt, rire... des autres.

Variantes

Selon le niveau du cycle, on peut imposer plus de contraintes, par exemple :
- raconter une histoire comportant quatre ou cinq mots donnés par l'enseignant.
- raconter l'histoire sans le support des dessins, en faisant uniquement appel à la mémorisation (C.E.1).

Liaisons oral/écrit

Écrire des histoires drôles, tristes (pour les raconter aux autres ou pour le journal scolaire) à partir de mots imposés ou d'un titre imposé.

Scénario

L'enfant qui criait au loup

Vous connaissez tous l'histoire de Pierre, l'enfant qui criait au loup, hein ?... Mais si, ce garçon qui appelait toujours les villageois en disant : « Au secours, au secours, le loup est dans le pré du haut, là où y'a des moutons. »...Oui, c'est celle-là. Et, bien sûr, les villageois accouraient avec des massues, des fusils, des faux, et même des lance-pierres. Et, quand ils arrivaient dans le champ des moutons, rien, pas de loup, seulement Pierre qui se fendait la pêche. Et ça durait, et ça durait, la plaisanterie, jusqu'au jour où le maire vint dire au garnement : « P'tit idiot, à force de crier au loup, on finira par plus te croire et on viendra pas. » Mais le gamin riait encore plus fort.
Mais v'là t'y pas qu'un jour où le coquin gardait les moutons dans le pré du haut, il vit arriver, devinez quoi, ouais parfaitement, un loup, et là, un maousse costaud. Aussitôt le gamin hurla : « Au secours, au secours, le loup est dans le pré du haut, là où y'a des moutons. » Les villageois l'avaient bien entendu. Et certains commençaient à prendre leurs armes quand le maire, qui avait la maison la plus haute du village, leur dit : « Arrêtez, arrêtez. Vous voyez ben qu'il se moque de vous. Ça suffit ! Retournez chez vous. Moi je vais lui faire passer le goût de rire, croyez-moi. » Les villageois repartirent chez eux. Le loup eut le temps de dévorer le Pierrot juste au moment où le maire arriva. Il fut croqué à son tour. Les paysans qui entendirent les cris du maire vinrent et se firent dévorer jusqu'au dernier. C'est alors que le loup, bien repu, revint sur ses pas, ferma délicatement la barrière du champ des moutons, et invita sa louve et ses louveteaux au festin. Tous les moutons y passèrent, leur laine avec eux.
C'est pas juste, mais que voulez-vous, c'est la vie.

L'exposé

Définition

Échange par lequel un énonciateur communique des informations à X énonciataires présents ou absents.

L'enseignant, à l'aide de schémas, de diapositives, d'objets… tente de faire comprendre à ses élèves ce qu'est un circuit électrique.

Objectifs spécifiques

Dégager **l'enjeu et les principes de fonctionnement** de l'exposé et commencer à construire une fiche outils évolutive réutilisable en situation fonctionnelle et fictive.

Conduire l'élève à avoir confiance en soi, à adapter sa voix (rythme, puissance) pour communiquer des informations à un public donné, à établir un contact par le regard avec ce public.

Conduire l'élève à tenir compte de l'enjeu de la communication : communiquer des informations pour faire réaliser une tâche à quelqu'un.

Conduire l'élève à sélectionner et ordonner des informations à partir d'une expérience vécue par la classe et à les présenter clairement (exposé à dominante descriptive).

Conduire l'élève à sélectionner et à ordonner des informations à partir de documents écrits et/ou audiovisuels sur un thème d'étude et à les présenter clairement.

Conduire l'élève à adapter le vocabulaire et le niveau de complexité en fonction du public.

Conduire l'élève à utiliser des outils linguistiques appropriés à la situation :
- la même énonciation ;
- le passé composé ;
- des organisateurs textuels temporels (exposé à dominante narrative).

Conduire l'élève à réinvestir les connaissances acquises sur l'exposé dans une situation fonctionnelle : communiquer de manière claire et compréhensible des informations à un public extérieur à la classe.

Conduire l'élève à réinvestir les connaissances acquises sur l'exposé dans une situation ludique.

Conduire l'élève à réinvestir les connaissances acquises sur l'exposé dans une situation de création en liaison avec la production d'écrit.

Fonction dominante

Informer.

Compétences visées

- Adapter sa voix (rythme, puissance) pour communiquer des informations de manière claire et compréhensible.
- Établir un contact avec le public (regard, gestes).
- Avoir confiance en soi, ne pas paniquer, intéresser le public.
- Tenir compte de l'enjeu de la communication / transmettre des informations à un public non-initié.
- Savoir utiliser à bon escient un matériel varié pour illustrer son propos.
- Connaître les principes de fonctionnement de l'exposé (rituels, introduction, développement, conclusion).
- Savoir sélectionner et ordonner des informations.
- Savoir garder un mode d'énonciation.
- Savoir utiliser des organisateurs textuels et des connecteurs.

Rôle de l'enseignant

- L'enseignant présente des exposés experts et guide le questionnement pour faire émerger les caractéristiques de l'exposé. Il s'efface progressivement au moment de la réalisation de l'exposé par un élève. Ce dernier joue alors le rôle de l'enseignant.

- Selon la classe concernée, l'enseignant essaie de rendre les enfants de plus en plus autonomes. Il complexifie les situations au fur et à mesure du déroulement du cycle pour amener les élèves à produire des exposés plus longs et plus structurés au cours de la dernière année. Le recours à de petits plans écrits ou schématisés se fait progressivement. L'enseignant veille à diversifier les publics pour que les enfants adaptent leurs propos à des partenaires différents.

Sommaire activités

Fiche outils

Objectif principal

Dégager l'enjeu et les principes de fonctionnement de l'exposé et commencer à construire une fiche outils évolutive réutilisable en situation fonctionnelle et fictive.

Durée

2 séances
de 30 minutes environ

Dispositif pédagogique

Séance 1 : phases 1 et 2 collectives.
Séance 2 : phases 1 et 2 collectives, phase 3 individuelle.

Matériel supports

Oraux experts, scénarios ou émissions de télévision enregistrées.

Déroulement des opérations

Séance 1

Phase 1 : découverte des oraux de référence.

Deux exposés experts sont proposés aux enfants.

Exposé 1 : *Le dé magique*.
Un magicien fait la démonstration d'un tour de magie devant un public.

Exposé 2 : *Pour mieux vivre à l'école*.
L'enseignant parle aux élèves des règles de sécurité à respecter dans l'école.

Phase 2 : analyse.

Après écoute, l'enseignant organise un échange collectif qui permet de recueillir les remarques spontanées des enfants.

« C'est une seule personne qui parle, elle nous explique des éléments que nous ne connaissions pas, on apprend de nouvelles choses. Maintenant, on va pouvoir essayer de faire le tour de magie, on pourra éviter des accidents dans l'école... »

Avec l'aide de l'enseignant, les enfants repèrent des caractéristiques communes aux deux exposés. Celles-ci sont notées sur un tableau ou une affiche qui deviendra la fiche outils. Le terme *exposé* peut être introduit.

Séance 2

Phase 1 : rappel des travaux précédents.

À l'aide de la trace écrite élaborée précédemment, on rappelle les activités et les remarques.

Phase 2 : introduction d'un nouvel exposé.

Un troisième exposé expert est introduit. Il peut être réalisé par l'enseignant ou un autre adulte venant dans la classe.

Une analyse collective permet de reprendre et de compléter les caractéristiques.

Phase 3 : notation de la fiche outils.

La fiche est recopiée par les enfants ou notée par l'enseignant puis photocopiée. Elle sera complétée lors des séquences suivantes.

exemple **Dans un exposé :**
- quelqu'un communique à d'autres des informations précises sur un sujet ;
- il s'adresse à des gens qui ne connaissent pas ces informations ;
- cela peut se passer en classe, à la télévision, à la radio... ;
- celui qui parle décrit des faits existants, des lieux précis ;
- il donne des explications sur certains éléments.

Le jeu de la télévision

Objectif principal

Conduire l'élève à avoir confiance en soi, à adapter sa voix (rythme, puissance) pour communiquer des informations à un public donné, à établir un contact par le regard avec ce public.

Durée

2 séances de 30 à 40 minutes.

Dispositif pédagogique

Phases 1, 4 & 5 : collectives.
Phase 2 : travail de groupe.
Phase 3 : un enfant de chaque groupe expose.

Matériel supports

- Un écran télé en carton : un grand rectangle (60x40) évidé, soit fixé sur un pied à hauteur de l'enfant assis, soit tenu par l'enfant.
- Éventuellement un caméscope.

Déroulement des opérations

Phase 1 : découverte de la situation.
L'enseignant montre aux enfants l'écran de télévision, les laisse s'exprimer librement et jouer à se placer dans « la télévision ».
Le jeu : les élèves se mettent par groupes (trois ou quatre élèves). Chaque groupe choisit une journée de classe avec des éléments particuliers (le jour où on va au gymnase, celui où on va à la piscine, celui du goûter d'anniversaire d'un enfant...). Le groupe doit présenter à la télévision toute cette journée. Les enfants préparent en petits groupes puis l'un d'entre eux (volontaire ou désigné par l'enseignant) vient raconter à « la télévision ».

Phase 2 : travaux par groupes.
Les enfants se remémorent dans le groupe les éléments bien repérés de la journée et leur chronologie : temps de classe, récréations, goûter, activités spécifiques... Ils peuvent éventuellement essayer de coder les différents éléments.

Phase 3 : mini-exposés.
Les rapporteurs de chaque groupe font à la classe un petit exposé sur la journée. On peut, si on en a la possibilité, filmer cet exposé.

Phase 4 : analyse des productions.
Les enfants commentent la prestation et cherchent à voir *si les informations étaient audibles, s'ils ont compris, quelles étaient les attitudes des rapporteurs...*
Le visionnement du film permet de faire des remarques plus précises sur les attitudes, les gestes, la diction...

Phase 5 : ajout des critères découverts dans la fiche outils.
Pour faire un exposé :
- il faut regarder le public,
- il faut parler distinctement sans aller trop vite,
- il faut éviter les gestes inutiles (se balancer, jouer avec un objet, avec une mèche de cheveux...).

Critères de réussite

- Se faire entendre.
- Se faire comprendre.
- Rapporter avec exactitude les événements de la journée en respectant la chronologie.

Liaisons oral/écrit

Écrire le compte rendu d'une journée de classe comportant un élément inhabituel (fête, sortie...).

Variantes

- D'autres supports peuvent être utilisés : décrire des images d'animaux ou autres, carte météo, document lié aux activités de découverte du monde...
- Le nombre de séances peut varier selon les classes : effectif, intérêt. On peut faire passer les groupes sur deux séances ou faire le visionnement en seconde séance.

Les petits plats dans les grands

Objectif principal

Conduire l'élève à tenir compte de l'enjeu de la communication : communiquer des informations pour faire faire une tâche à quelqu'un.

Durée

4 séances de 30 minutes environ.

Dispositif pédagogique

Phases 1 & 4 : collectives.
Phase 2 : travail par groupes.
Phase 3 : exposé réalisé par un élève.

Matériel supports

- Des recettes de cuisine simples ne nécessitant pas de cuisson : salades composées, salades de fruits, taboulé, tartines. Prévoir une recette différente pour chaque groupe.
- Les ingrédients et les ustensiles nécessaires à la réalisation des recettes choisies.

Déroulement des opérations

Séance 1

Phase 1 : **découverte de la situation.**
L'enseignant montre aux enfants les fiches de recettes et les laisse s'exprimer. Puis il leur expose l'activité : lire la recette, bien s'en imprégner de manière ensuite à présenter la recette aux autres groupes sans leur lire le texte pour qu'ils puissent la réaliser. L'enseignant constitue des petits groupes. En G.S., la lecture est effectuée avec l'aide de l'enseignant à partir de recettes illustrées.

Phase 2 : **travaux par groupes.**
Les enfants observent attentivement la recette, repèrent ingrédients et ustensiles et peuvent même la réaliser une fois en groupe (G.S.) avec l'aide de l'enseignant.

Phase 3 : **mini-exposés.**
Un groupe expose sa recette en montrant les ingrédients qui sont à sa disposition et en expliquant les différentes étapes. Un autre groupe désigné par l'enseignant est chargé de réaliser la recette.

Phase 4 : **analyse des productions.**
Les enfants échangent sur l'exposé et examinent si la recette a pu être réalisée correctement.

Séances 2 et 3 : reprise des phases 3 et 4 en faisant tourner les groupes.

À la fin du travail des différents groupes, ajout des critères découverts dans la fiche outils.

Pour faire un exposé :
- il faut respecter l'ordre des différentes étapes,
- il faut être précis sur les éléments cités au cours de l'exposé.

Critères de réussite

- Respect des critères découverts précédemment.
- Présentation chronologique bien respectée.
- Bonne utilisation des ustensiles et des ingrédients.

Variantes

Expliquer une règle de jeu, la fabrication d'un petit objet... ou tout autre discours injonctif.

Liaisons oral/écrit

Écrire des recettes, des recettes poétiques, des recettes à ne pas faire...

Visite à la boulangerie

Objectif principal

Conduire l'élève à sélectionner et ordonner des informations à partir d'une expérience vécue par la classe et à la présenter clairement (exposé à dominante descriptive).

Durée

2 séances de 40 minutes environ.

Dispositif pédagogique

Travail avec une classe de l'école n'ayant pas effectué la même sortie.
SÉANCE 1 : phases 1 et 2 collectives.
SÉANCE 2 : phase 1 : 3 ou 4 enfants exposent, phase 2 : collective.

Matériel supports

Éventuellement des photos ou traces de la sortie (uniquement pour aider à se souvenir de la sortie, matériel non utilisé lors de l'exposé).

Déroulement des opérations

SÉANCE 1

PHASE 1 : **lancement de l'activité.**
L'enseignant fait un rappel rapide de la sortie (lieu, date...) et explique la situation :
« Jeudi, nous sommes allés à la boulangerie. Au cours de cette sortie, nous avons appris des choses sur le métier de boulanger, comment faire le pain... Aujourd'hui nous devons présenter aux élèves de... (autre classe) ce que nous avons appris. Pour cela, nous allons nous rappeler collectivement cette sortie, ce que nous avons vu et appris. »
Les enfants font spontanément part de leurs souvenirs. L'enseignant note au tableau succinctement les éléments sans influer dans un premier temps sur l'ordre ou l'intérêt.

PHASE 2 : **organisation de l'exposé.**
L'enseignant relit les différents éléments et demande aux enfants ce qu'ils en pensent. Il rappelle si nécessaire l'enjeu.
Une analyse collective permet de déterminer les informations pertinentes, celles qui serviront réellement à communiquer des savoirs acquis lors de la visite. Cette phase permet d'éliminer des éléments anecdotiques et de regrouper les informations en quelques grands chapitres. Suivant le niveau de la classe, on fabrique une trace écrite simple (dessins, petites phrases) pour garder en mémoire l'organisation (mini-plan).
Exemple :
La vie du boulanger : ses horaires, l'organisation de sa journée.
Fabrication du pain : ingrédients, machines, étapes
Les différentes sortes de pain : les formes, des céréales différentes...
Les autres produits de la boulangerie : viennoiseries...
La vente : qui ? prix...

SÉANCE 2

PHASE 1 : **réalisation de l'exposé.**
Rencontre avec l'autre classe. Des enfants, volontaires ou désignés, font l'exposé. La trace écrite leur sert de guide.
Un temps de questions/réponses s'installe avec l'autre groupe.

PHASE 2 : **analyse de la production.**
Retour en classe et remarques sur l'exposé.

Ajout de critères dans la fiche outils
Pour faire un exposé
- il faut choisir les informations à donner,
- il faut penser à les présenter avec une certaine organisation.

Critères de réussite

- Nécessité d'organisation de l'exposé : présence d'un ordre dans les informations, clarté (idée de plan).
- Respect des critères découverts précédemment.

Variantes

Tout autre thème ayant donné lieu à une sortie : découverte du milieu, d'un métier...

Liaisons oral/écrit

À partir de la sortie, écrire un compte rendu qui sera la trace écrite pour le dossier de sciences ou d'histoire...

L'école autrefois

Objectif principal

Conduire l'élève à sélectionner et à ordonner des informations à partir de documents écrits et/ou audio-visuels sur un thème d'étude et à les présenter clairement.

Durée

2 séances de 40 minutes environ.

Dispositif pédagogique

SÉANCE 1 : phase 1 : collective ; phase 2 : travaux par groupes ; phase 3 : un enfant expose.
SÉANCE 2 : phase 1 : un enfant expose ; phases 2 & 3 : collectives.

Matériel supports

Des documents (photos ou autres) sur le thème « l'école autrefois » : par exemple, vue d'une cour de récréation, d'une salle de classe, une page d'écriture, de manuel, un bon point...
Prévoir deux ou trois documents par groupe.

Déroulement des opérations

SÉANCE 1

PHASE 1 : **lancement de l'activité.**
L'enseignant montre les documents et attend les réactions spontanées des élèves. « *C'est une école, avant, autrefois, du temps de nos grands-parents...* » Puis il expose la situation : « *Nous allons travailler par petits groupes. Chaque groupe reçoit deux ou trois photos et prépare un petit exposé pour ses camarades. Attention, durant l'exposé, il faudra montrer et utiliser les photographies.* »

PHASE 2 : **travaux de groupes.**
L'enseignant compose les groupes, distribue les documents. Il circule dans les groupes pour aider à la lecture des photographies et rappelle si nécessaire l'enjeu.
Suivant le niveau de classe et à l'aide des travaux précédents, les enfants peuvent fabriquer une trace écrite simple pour garder en mémoire l'organisation de l'exposé.
Ils peuvent alors numéroter les documents à montrer et insérer les numéros dans le plan. Tout autre système de codage est recevable.

Exemple :
L'école : la maison ①, ②
Les écoliers : les vêtements ③, ④, le matériel ⑤
Une salle de classe : les tableaux ⑥, les manuels ⑦, ⑧
La cour de récréation : les jeux ⑨.

PHASE 3 : **réalisation des exposés.**
Un groupe désigne un enfant qui réalise l'exposé. Puis un second groupe prend le relais.

SÉANCE 2

PHASE 1 : **réalisation des exposés.**
Les groupes qui n'ont pu réaliser leur exposé au cours de la première séance le font à leur tour.

PHASE 2 : **analyse des productions.**
Les enfants font des remarques collectives sur les prestations et plus particulièrement sur l'utilisation des supports : Quand les montrer ? Comment les présenter pour que le public les voie bien ?

PHASE 3 : **ajout de critères dans la fiche outils.**
Pour faire un exposé :
- si on a des documents, il faut bien les choisir,
- il faut bien repérer le moment où on les utilise,
- il faut les présenter de manière bien visible.

Critères de réussite

- Respect des critères découverts précédemment.
- Bonne utilisation des documents durant l'exposé.
- Bonne perception et bonne compréhension des documents visuels par les autres élèves.

Variantes

Tout autre thème pouvant être préparé avec des documents : vie à une autre époque, pays différents (pays chauds, pays froids), animaux (de la mer, des montagnes, des pays froids...).

Liaisons oral/écrit

Rédiger une trace écrite pour le cahier d'histoire afin de se souvenir de ce qui a été appris sur le thème.

Pile et ampoule

Objectif principal

Conduire l'élève à adapter le vocabulaire et le niveau de complexité en fonction du public.

Durée

2 séances de 30 à 40 minutes.

Dispositif pédagogique

SÉANCE 1 : phase 1 : collective ; phase 2 : groupes ; phase 3 : collective et groupes.
SÉANCE 2 : phase 1 : un enfant expose, phases 2 et 3 : collectives.

Matériel supports

Des piles plates et des petites ampoules.

Déroulement des opérations

SÉANCE 1

PHASE 1 : **présentation de la situation.**
L'enseignant montre aux enfants une pile et une ampoule et demande que l'on rappelle oralement le travail précédemment réalisé en technologie : « *On a trouvé comment faire briller l'ampoule, il faut faire toucher les lames et l'ampoule...* » Puis il expose la situation : « *Nous avons découvert comment faire briller l'ampoule à l'aide de la pile : nous allons le refaire une fois ensemble. Ensuite nous irons exposer aux camarades de moyenne section et aux camarades du C.E.2 comment faire, mais nous n'aurons que le droit de parler.* »

PHASE 2 : **rappel des savoirs.**
Par groupes de trois à quatre élèves, les enfants refont l'expérience et verbalisent. Au fur et à mesure, un mini-guide (dessins, schémas ou phrases) peut être élaboré.

PHASE 3 : **préparation des exposés.**
L'enseignant rappelle les publics auxquels il faudra s'adresser et amène collectivement les enfants à sentir les adaptations nécessaires du discours.
Présentation : l'expérience peut être présentée comme un peu magique en maternelle et sous un aspect plus scientifique au cycle 3.
Vocabulaire : on ne peut pas utiliser un langage trop complexe avec les petits : parler des parties dorées de la pile, de la partie grise et de la partie noire de l'ampoule alors qu'avec les plus grands, on peut employer les termes de lames, plot, culot, filament...
Structure du discours : on peut envisager un système de phrases successives simples en maternelle et mettre plus en évidence le lien entre action et effet produit au cycle 3 par l'emploi de connecteurs.
La classe peut être scindée en deux groupes qui réfléchissent à leur présentation.

SÉANCE 1

PHASE 1 : **réalisation des exposés.**
La classe est répartie en deux groupes (ou on programme deux temps différents) et un enfant expose la manière de faire briller l'ampoule. Les partenaires réalisent et les enfants qui exposent ne participent pas à la réalisation et n'utilisent pas de gestes.

PHASE 2 : **analyse des productions.**
Une première synthèse est faite avec les partenaires.
A-t-on pu réaliser l'expérience ? L'ampoule a-t-elle brillé ? Facilement ? Pourquoi a-t-on eu des difficultés ?
Une deuxième synthèse a lieu en classe et confronte les deux expériences.

PHASE 3 : **ajout de critères dans la fiche outils.**
Pour faire un exposé :
- il faut choisir des mots adaptés, que le public peut comprendre.
- il faut être précis dans ses explications.

Critères de réussite

- Bonne adaptation du discours au public : vocabulaire, précision.
- Respect des critères définis précédemment.

Variantes

- Toute autre expérience ; un petit montage peut servir de support à condition d'être bien maîtrisé par les enfants.
- Selon les lieux, les partenaires peuvent varier : il est simplement nécessaire de s'adresser à des plus petits et à des plus grands.

Liaisons oral/écrit

Rédiger une trace écrite sous deux formes : l'une pouvant être comprise par des plus jeunes et l'autre employant un vocabulaire spécifique et montrant bien le lien de cause à effet.

Notre histoire

Objectif principal

Conduire l'élève à utiliser des outils linguistiques appropriés à la situation :
- garder la même énonciation,
- utiliser le passé composé,
- utiliser des organisateurs temporels (exposé à dominante narrative).

Durée

2 séances de 40 minutes environ.

Dispositif pédagogique

SÉANCE 1 : phases 1, 2 & 3 : collectives.
SÉANCE 2 : phase 1 : un enfant expose ; phases 2 & 3 : collectives.

Matériel supports

Une histoire créée en classe par les enfants : on peut imaginer qu'après des lectures d'albums, de petits romans, les enfants ont eux-mêmes écrit une histoire. Pour cela, il a fallu choisir une trame, un héros... et discuter pour arriver à une production définitive.

Déroulement des opérations

SÉANCE 1

PHASE 1 : **présentation de la situation.**
L'enseignant rappelle l'histoire qui a été créée collectivement et explicite la situation. Il s'agit de raconter à des parents qui vont venir en classe comment on a réussi à écrire cette histoire.

PHASE 2 : **rappel des étapes de création.**
Les enfants relisent l'histoire et essaient, avec l'aide de l'enseignant, de retrouver les étapes de son élaboration. Au fur et à mesure, un plan se dessine pour l'exposé autour des différentes étapes qui ont été nécessaires à la construction : quelles lectures, quels personnages, quels problèmes, choix d'aides ou d'indices... Pourquoi ces choix ?

PHASE 3 : **préparation de l'exposé.**
L'enseignant rappelle le public auquel il faudra s'adresser (adultes). Les enfants commencent à jouer la situation (on imagine que les parents sont là) de manière à bien situer le mode d'énonciation (*ici*, *nous* ou *on*), à prendre en compte le fait que tous ces événements sont passés (emploi du passé composé) et qu'il faut éviter l'emploi systématique de « et ».
Une recherche de mots peut être effectuée en commun : lister des éléments tels que *au début, puis, alors, ensuite, à la fin...*
Tout ce travail consiste en une prise de conscience : une systématisation s'avérerait difficile.

SÉANCE 2

PHASE 1 : **réalisation de l'exposé.**
Le public adulte est réuni et les enfants exposent. Pour une plus grande participation et pour éviter un travail difficile, l'exposé peut être scindé en plusieurs parties : un enfant différent est associé à chaque partie. Par ailleurs, un groupe d'observateurs pourra noter l'utilisation faite des éléments linguistiques préparés. Après l'exposé sur la création de l'histoire, celle-ci sera lue au public et les documents écrits pourront circuler.

PHASE 2 : **analyse des productions.**
Une première synthèse est faite avec le public sous forme de questions/réponses. Une seconde synthèse est faite en classe : remarques du groupe d'observateurs.

PHASE 3 : **ajout de critères dans la fiche outils.**
Pour faire un exposé qui raconte ce que l'on a fait :
- il faut parler à la même personne : *nous, on*...,
- on utilise le passé,
- il faut utiliser des petits mots qui permettent de repérer différents moments (*d'abord, ensuite*...).

Critères de réussite

- Bonne utilisation des outils linguistiques repérés.
- Respect des critères définis précédemment.

Variantes

- Le public peut être restreint : trois ou quatre adultes. L'important est de s'adresser à des personnes différentes et moins connues.
- Le support peut être la présentation d'un autre projet dans un domaine différent.

Liaisons oral/écrit

Faire un compte rendu d'un projet mené en classe ou, si on a par ailleurs étudié les critères de la lettre, écrire une lettre aux correspondants, à des partenaires pour présenter un projet de classe.

Séjour à la mer

Objectif principal

Conduire l'élève à réinvestir les connaissances acquises sur l'exposé dans une situation fonctionnelle : communiquer de manière claire et compréhensible des informations à un public extérieur à la classe.

Durée

5 séances de 30 minutes.

Dispositif pédagogique

Séances 1, 3 & 5 : collectives.
Séance 2 : travail par groupes.
Séance 4 : les enfants exposent.

Matériel supports

– Une classe transplantée a eu lieu au bord de la mer durant deux semaines. Ce vécu est commun à tous. Les enfants ont acquis des savoirs dans divers domaines et ont rapporté des souvenirs (plantes séchées, coquillages...) et des documents (photos, plans, guides...). Ces éléments peuvent être exploités lors de l'exposé.
– La fiche outils collective sur l'exposé.

Déroulement des opérations

Séance 1 :

Phase 1 : **découverte de la situation.**
L'enseignant présente la situation : après ce séjour à la mer, les élèves doivent préparer un exposé présentant les divers travaux et activités réalisés sur les lieux afin de présenter ce travail à leurs parents lors d'une soirée spéciale.
Il laisse d'abord s'exprimer les enfants de manière spontanée puis oriente la réflexion autour de deux axes : les thèmes de travail et la façon de réaliser un exposé (voir fiche outils).

Phase 2 : **préparation collective de l'exposé.**
Par la discussion et avec l'aide de l'enseignant, les élèves définissent les grandes parties de leur exposé, par exemple :
- *Les lieux du séjour : présentation géographique*
- *Les marées*
- *Les plantes du bord de mer*
- *Les animaux, les coquillages*
- *Les activités sportives...*

À l'aide de la fiche outils affichée, on reprend collectivement les critères établis précédemment.

Séance 2 : préparation des thèmes.
Les enfants se répartissent en petits groupes ayant chacun la charge d'un thème.
Ils doivent organiser leur partie, sélectionner et prévoir, si nécessaire, les documents et le moment de leur présentation. L'enseignant circule parmi les différents groupes.

Séance 3 : mise en commun des travaux.
Chaque groupe présente (mini-exposé) ce qu'il a préparé : documents, petits textes... et cette préparation est soumise à une analyse et à une amélioration collective tant sur l'exposé lui-même que sur les sujets traités.

Séance 4 : réalisation de l'exposé.
Face au public composé de leurs parents, les enfants, en se partageant la tâche, réalisent leur exposé .
Un temps de questions/réponses peut avoir lieu avec les parents.

Séance 5 : analyse des productions.
Les enfants analysent et commentent leurs productions. Une évaluation collective a lieu reprenant les critères de fonctionnement définis dans la fiche outils.

Critères de réussite

– Respect des critères préalablement définis.
– Compréhension par le public qui demande plus ou moins d'explications et manifeste de l'intérêt.

Variantes

Tout autre séjour ou toute autre sortie dans des lieux différents peut donner lieu à un travail de même type. On peut réduire l'exposé à un ou deux thèmes.

Liaisons oral/écrit

Écriture d'un compte rendu pour le journal scolaire ou de traces écrites pour les documents personnels (classeur de géographie, de sciences...).

Qui est-ce ?

Objectif principal

Conduire l'élève à réinvestir les connaissances acquises sur l'exposé dans une situation ludique.

Durée

2 séances de 45 minutes environ.

Dispositif pédagogique

Phases 1 & 4 : collectives.
Phase 2 : travail par groupes.
Phase 3 : des enfants exposent.

Matériel supports

– Deux jeux de cartes identiques : chaque jeu comporte de 12 à 20 cartes sur lesquelles sont dessinés des personnages. Ceux-ci sont des hommes ou des femmes représentés en pied avec des éléments bien visibles sur lesquels pourront s'appuyer les descriptions : couleur des cheveux, des yeux, vêtements, accessoires... À chaque personnage est associé un prénom.
– La fiche outils collective sur l'exposé est affichée de manière bien visible.

Déroulement des opérations

Séance 1

Phase 1 : **découverte du jeu.**
L'enseignant montre les cartes et attend les réactions spontanées des élèves. Puis il amène les enfants à parler sur les cartes, à repérer les noms des personnages. Il présente alors le jeu : « Nous allons jouer à deviner des personnages. Nous allons former des équipes. Chaque équipe tire au sort une carte-personnage dans le premier paquet sans la montrer, puis prépare dans un coin un petit exposé pour que les camarades puissent le reconnaître. Attention, il n'y a pas le droit aux questions/réponses : on doit écouter l'exposé et seulement après, faire une proposition. Si la réponse est juste, l'équipe qui a fait l'exposé et celle qui a trouvé marquent un point.
Si vous en éprouvez le besoin, vous pouvez consulter la fiche outils. »

Phase 2 : **jeu : préparation des exposés.**
L'enseignant compose des équipes de trois ou quatre enfants et on procède à un premier tirage de cartes. Les équipes préparent leur exposé, par exemple sous la forme d'un petit plan :

Homme
Cheveux
Moustaches
Lunettes
Vêtements : haut/bas/couleur

L'enseignant circule dans les groupes et installe dans un coin collectif toutes les cartes du deuxième jeu.

Phase 3 : **réalisation des exposés.**
Les enfants sont réunis en rond près des cartes étalées. L'équipe 1 expose et l'équipe 2, après concertation, fait une proposition. On valide la réponse à l'aide de la carte tirée au début. On procède au comptage des points. On reprend le jeu en opposant les équipes 2 et 3, etc.

Phase 4 : **analyse des productions.**
Collectivement et avec l'aide de l'enseignant, on fait une synthèse des productions : quels personnages ont été découverts aisément ? Pourquoi ? On peut reprendre les traces écrites et faire le lien entre les productions et les critères de la fiche outils.

Séance 2

On peut reprendre le jeu en s'appuyant sur les éléments repérés en phase 4. L'enfant qui réalise l'exposé dans le groupe doit être différent.

Critères de réussite

– Respect des critères préalablement définis.
– Découverte plus ou moins rapide du personnage choisi.

Variantes

Les personnages peuvent être représentés uniquement par leur portrait. On peut aussi envisager de jouer avec des représentations de personnages de contes, de bandes dessinées... Le nombre de cartes est variable.

Liaisons oral/écrit

Rédiger collectivement un texte décrivant un des personnages.

L'exposé d'Arsène Lapin

Objectif principal

Conduire l'élève à réinvestir les connaissances acquises sur l'exposé dans une situation de création en liaison avec la production d'écrit.

Durée

Une séance d'une heure ou deux séances plus courtes.

Dispositif pédagogique

PHASE 1 : collective.
PHASE 2 : travail par groupes.
PHASE 3 : un enfant expose.
PHASE 4 : collective.

Matériel supports

- L'album *Une aventure d'Arsène Lapin : la rivière en danger*, P. Coran Casterman. Collection « Je commence à lire », qui est auparavant connu des enfants. Il a déjà été présenté à la classe et lu de manière collective.
- La fiche outils collective sur l'exposé.

Déroulement des opérations

PHASE 1 : découverte de la situation.
L'enseignant montre la couverture du livre et demande aux enfants de rappeler oralement l'histoire.
Arsène Lapin est inquiet et fâché ce matin-là car il découvre que la rivière dans laquelle il fait sa toilette est polluée par des objets incongrus (casseroles, pommes, pneu...) et par de la mousse de savon. Soucieux du devenir des animaux de la rivière, Arsène mène l'enquête et grâce à divers indices découvre les coupables : les habitants du vieux moulin, qui viennent passer là les fins de semaine. Le lapin réfléchit et trouve le moyen de nettoyer la rivière avec l'aide des autres animaux tout en donnant une leçon aux habitants sans scrupules.
L'enseignant reprend la lecture du début de l'histoire jusqu'au moment où Arsène annonce qu'il a une idée puis commence la lecture des travaux de nettoyage. Il amène les enfants à prendre conscience que le plan d'Arsène n'est jamais exprimé mais que l'on en voit seulement la phase de réalisation.
La situation est d'imaginer l'exposé qu'a fait Arsène Lapin aux animaux pour aboutir à l'organisation du nettoyage de la rivière. L'enseignant rappelle les critères de l'exposé déterminés au cours des séances précédentes et notés sur la fiche outils.

PHASE 2 : l'exposé d'Arsène Lapin.
L'enseignant organise la classe en petits groupes, chacun devant concevoir l'exposé du lapin. Un plan est rédigé tenant compte des idées et de l'organisation des travaux mais sans faire la rédaction en tous points du discours.

Ce qui se passe
Le nettoyage de la rivière :
Le travail de chacun : les loutres, les rats, l'organisation de la chaîne...
Où stocker les déchets ?

PHASE 3 : réalisation des exposés.
Dans chaque groupe, un enfant vient réaliser l'exposé d'Arsène devant ses camarades, qui peuvent tenir le rôle des animaux de la rivière.

PHASE 4 : analyse des productions.
Une analyse est faite en commun des différents exposés à l'aide de la fiche outils : on peut reprendre les critères et voir leur respect. Il faut aussi prendre en compte la cohérence avec l'histoire. Un travail d'enregistrement avec un caméscope peut se révéler particulièrement intéressant pour une analyse fine.

Critères de réussite

- Respect des critères préalablement définis.
- Validité de l'exposé présenté par rapport à l'histoire : prise en compte du contexte avant et après l'exposé.

Variantes

Toute autre histoire qui amène un personnage à présenter sous forme d'un exposé un plan, un projet, un réquisitoire...

Liaisons oral/écrit

Écriture collective de l'exposé d'Arsène Lapin en s'appuyant sur les idées développées par les enfants.

Scénario

Le dé magique

Chers amis, un peu d'attention. Aujourd'hui, je vais faire mon spectacle de magie. Je vous demande donc un peu de silence. Sinon, je ne pourrai pas ressentir les ondes bienfaisantes... Merci... Voici ce que je dois faire devant vous, je me retourne la tête contre le mur... Je vous tourne donc le dos... Je mets mes mains dans mon dos et, c'est là que vous devez être attentifs, dans mes mains, j'ai un dé. Regardez-le. Il est comme tous les dés. Je demande à quelqu'un de venir le prendre et de le montrer à tout le monde. Regardez-le, mais taisez-vous... Ça y est ? Bon ! Tout le monde l'a vu. Que celui qui a le dé vienne me le remettre dans mes mains qui, vous pouvez le constater, sont toujours dans mon dos. À présent je tourne le dé dans tous les sens et, quand vous serez tous d'accord, vous me direz stop. Voilà. Vous pouvez constater que je ne vois toujours pas le dé, que je ne vois pas la face que vous, vous voyez, n'est-ce pas ? Regardez bien cette face que je ne peux voir. Maintenant je vais venir vers vous, toujours les mains dans le dos, et vous allez me donner un chiffre entre 1 et 50... 23 ? O.K.... Je compte et à 23 quelqu'un viendra chercher le dé sans que je le voie... Mets-le dans ta poche... Laissez-moi maintenant me concentrer pendant quelques instants... À présent je crois que je vais pouvoir vous dire le numéro de la face du dé que vous avez vue. C'est le 4... Merci pour vos applaudissements.

Comme je suis un magicien très sympa, je vais vous expliquer mon tour de magie. Je refais devant vous toutes les étapes. Je me retourne contre le mur en mettant mes mains dans mon dos. Et même vous pouvez choisir un autre dé que le mien. Vous me le mettez dans les mains. Je le tourne et le retourne comme tout à l'heure. À présent je viens vers vous et vous comptez jusqu'à... ce que vous voulez. Vous pouvez me dire stop. Je connais déjà la face que vous avez choisie. Pourquoi ? Parce qu'en venant vers vous, j'ai mis mon pouce droit sur la face que vous avez choisie et avec mon index j'appuie très fort sur la face opposée. Quand quelqu'un viendra chercher le dé, je n'aurai plus qu'à regarder mon pouce droit et je verrai le nombre de points inscrits en relief.

Tout le reste, mes formules magiques, vos déplacements, les accessoires, votre comptage de points, votre examen du dé..., tout ça, ça sert à rien d'autre qu'à vous distraire.

Pas mal ! hein ?

Qui veut essayer ?

Scénario

Pour mieux vivre à l'école

L'enseignant, beaucoup plus grave que d'ordinaire, attend que ses élèves soient installés, calmés et attentifs. Il commence son discours :

« Bonjour, les enfants. Aujourd'hui nous n'allons pas tout de suite faire nos jeux oraux habituels car j'ai une chose très importante à vous signaler.

Voilà. Depuis quelque temps, disons depuis la semaine dernière, je me suis aperçu d'un problème qui commence à présent à m'inquiéter sérieusement.

Cela fait deux ans que nous sommes ensemble depuis la grande section et je n'ai jamais eu à me plaindre de vous, bien au contraire. De plus, je sais que vous vous entendez très bien : la plupart d'entre vous se retrouvent après l'école dans les clubs sportifs, au foot, au judo, au rugby, à « l'acrosport », etc. Il y a même beaucoup d'élèves inscrits à l'école de musique et au club des philatélistes. Je suis très satisfait que vous vous intéressiez à tout cela. Bravo. Et même, lorsqu'il y a des ateliers décloisonnés à l'école, vous vous débrouillez toujours pour rester entre vous. C'est bien la preuve que j'ai de la chance, je dis bien la chance, de travailler avec une classe unie et intéressée.

Mais voilà, vous êtes une classe vivante, peut-être trop vivante par moments, et je ne voudrais pas qu'il y ait des « dérapages », comme on dit.

En récréation, vous jouez au rugby sur le macadam, sans faire attention à ceux qui jouent de manière plus calme et que vous bousculez. Avant-hier, certains de votre classe ont organisé une séance de judo sur le ciment du préau ! Résultat des opérations juste avant que j'intervienne : Émilie a été blessée ; les pompiers l'ont emmenée au service d'urgence où le médecin lui a posé cinq points de suture, je répète cinq points de suture ! Depuis, Émilie n'est pas revenue comme vous pouvez le constater et elle ne pourra revenir que lorsqu'elle sera remise de son choc à la tête. Enfin, la maman d'Émilie ne peut pas aller travailler parce qu'elle veut surveiller sa fille jusqu'à ce qu'elle soit complètement rétablie. Je sais que vous comprenez tous cela.

Bref, il ne s'agit pas pour moi de vous priver de votre plaisir de jouer. Mais il nous faut réfléchir ensemble sur des règles de bonne conduite que nous devrons tous respecter, moi le premier, pour la sécurité de tous. C'est ce à quoi je vous propose de réfléchir en instruction civique. Et nous garderons pour chacun de nous un « code de sécurité » que nous aurons rédigé. Ce serait bien, enfin, que tous nous en remettions un à Émilie. Je crois qu'elle comprendrait alors mieux que nous ne l'avons pas oubliée. »

Le débat

Définition

Échange par lequel au moins deux énonciateurs (quelquefois à la demande d'un autre énonciateur présent ou absent) présentent à leur(s) énonciataire(s) présent(s) ou absent(s) leurs points de vue, les défendent et détruisent les points de vue adverses par des procédés rhétoriques et à l'aide d'arguments.

Deux élèves ou deux groupes de la classe sont invités par l'enseignant à défendre deux points de vue différents, par exemple sur le fait d'avoir ou non un chien à la maison.

Objectifs spécifiques

Dégager **l'enjeu et les principes de fonctionnement** d'un débat et commencer une fiche outils évolutive réutilisable en situation fonctionnelle ou fictive.

Conduire l'élève à adopter l'attitude qui convient à la situation : rester calme, écouter l'adversaire, éviter la violence ou l'agressivité, prendre la parole quand le meneur de jeu y invite.

Conduire l'élève à tenir compte de l'enjeu du débat : convaincre l'adversaire ou le public éventuel, ce qui suppose d'avoir des connaissances précises sur le sujet.

Conduire l'élève à justifier son opinion personnelle à l'aide d'arguments.

Conduire l'élève à gérer ses arguments en utilisant certains outils linguistiques de l'argumentation : des connecteurs logiques (parce que…) et énumératifs (premièrement, deuxièmement ; tout d'abord, ensuite, enfin).

Conduire l'élève à fournir des contre-arguments face à l'interlocuteur à partir d'un problème de société le concernant.

Conduire l'élève à manifester son point de vue dans l'énoncé par :
- des verbes d'opinion : *je pense que, je crois que, je suis sûr que,*
- des interjections du type : *mais non ! pas du tout !…*
- des phrases négatives : *ce n'est pas vrai, je ne suis pas d'accord…*

Conduire l'élève à réinvestir ses connaissances acquises sur le débat dans une **situation fonctionnelle** liée au vécu de la classe.

Conduire l'élève à réinvestir ses connaissances dans une **situation ludique**.

Conduire l'élève à réinvestir ses connaissances dans une **situation de création** liée à un projet de lecture/écriture.

Fonction dominante

Exprimer son point de vue, argumenter.

Compétences visées

- Adopter une attitude qui convient à la situation de communication : rester calme, éviter la violence ou l'agressivité.
- Savoir écouter l'interlocuteur, prendre la parole quand le meneur de jeu y invite.
- Tenir compte de l'enjeu de la communication : convaincre l'interlocuteur.
- Connaître le fonctionnement d'un débat.
- Être capable de donner son opinion personnelle sur un problème précis et de justifier son point de vue à l'aide d'arguments.
- Être capable de contre-argumenter face à un interlocuteur.
- Être capable d'utiliser certains outils linguistiques de l'argumentation, en particulier quelques connecteurs logiques et énumératifs.
- Être capable de manifester son point de vue par :
  - des verbes d'opinion,
  - des interjections,
  - des phrases à la forme négative.

Rôle de l'enseignant

- L'enseignant suscite des conflits socio-cognitifs à partir de situations liées au vécu de la classe.
- L'enseignant organise de petits débats à partir de thèmes donnés. Il est le meneur de jeu. Il invite les élèves à fournir des arguments, des contre-arguments, des réponses aux contre-arguments.

Sommaire activités

Fiche outils

Objectif principal

Conduire les élèves à :
- dégager l'enjeu et les principes de fonctionnement d'un type d'oral : le débat.
- construire une fiche outils évolutive et réutilisable en situation fonctionnelle ou fictive.

Durée

1 heure environ

Dispositif pédagogique

Groupe classe, travail collectif.

Matériel supports

Cassette vidéo : partie « débat » ou émissions de télévision enregistrées par l'enseignant ou mini-débats entre deux adultes de l'école invités dans la classe par l'enseignant.

Déroulement des opérations

PHASE 1 :
découverte d'oraux experts.

Deux petits débats sont visionnés par les élèves.
Ou bien ces derniers écoutent les deux adultes qui débattent en classe.

PHASE 2 :
analyse, échange collectif.

Dans un premier temps, les élèves définissent les thèmes du débat, les ancrent dans leur vécu (ont-ils déjà entendu ou participé à une conversation de ce genre, à ce sujet ?)
Ensuite, à partir d'un questionnement oral proposé par l'enseignant, ils font des observations puis recherchent les caractéristiques communes aux débats présentés :
- qui parle, à qui ?
- pour quoi faire ?
- où cela peut-il se passer ?

Exemples : *« Deux enfants parlent de la pêche, l'un aime, l'autre non. »*
« Deux mamans discutent de leurs enfants et ne sont pas d'accord… »

PHASE 3 :
élaboration de la fiche outils.

Après avoir nommé le type d'oral, l'enseignant affine le questionnement pour élaborer une fiche outils qui sera recopiée par l'élève dans un cahier et complétée ultérieurement.

exemple **Dans un débat :**
- il y a deux personnes qui ne sont pas d'accord,
- elles se répondent.
- elles expliquent pourquoi elles sont de cet avis.

Et si on faisait « danse »

Objectif principal

Conduire l'élève à adopter l'attitude qui convient à la situation : rester calme, écouter l'interlocuteur, éviter la violence ou l'agressivité.

Durée

1 heure environ.

Dispositif pédagogique

Phase 1 : magistrale.
Phases 2, 3 & 5 : collectives.
Phase 4 : les élèves qui veulent justifier leur point de vue, tour à tour.

Matériel supports

Aucun.

Déroulement des opérations

Phase 1 : propositions de l'enseignant.
Il s'agit de choisir un certain nombre d'activités pendant des heures d'EPS. L'enseignant propose aux élèves la première activité possible dont il sait qu'elle suscitera dans la classe des réactions passionnées : « *Et si on faisait danse ?* »

Phase 2 : réactions spontanées des élèves.
Ceux-ci manifestent leur adhésion, leur hostilité ou leur indifférence. L'enseignant les laisse s'exprimer en prenant garde de ne pas trop intervenir lors de cette phase.

Phase 3 : organisation d'un mini-débat.
L'enseignant demande alors à ceux qui sont pour l'activité puis à ceux qui sont contre, de justifier leur point de vue, chacun leur tour. Là encore il s'efforcera de ne pas tempérer l'échauffement de certains élèves, sauf en cas de dérapage (insultes, gestes agressifs ou déplacés, cris…).

Phase 4 : analyse du débat.
L'enseignant demande aux élèves si la forme prise par le débat a été satisfaisante (« *Est-ce que j'ai pu vous comprendre ? Pourquoi non ?* »). L'on repère alors les dysfonctionnements : par exemple :
– « *Personne n'a entendu.* »
– « *On s'est énervé.* »
– « *On n'a pas écouté ce que disait l'autre* » etc.

Phase 5 : ajout des critères découverts dans la fiche outils.
Dans un débat :
– il faut rester calme, écouter l'autre.
– il faut expliquer son avis avec des raisons valables.

Critères de réussite

Verbalisation par les élèves de ce qu'il convient de ne pas faire dans un débat passionné (cris, énervement).

Variantes

Toute situation qui implique l'affectivité et doit susciter un débat passionné dans la classe (couture pour tous, rugby, etc.)

Liaisons oral/écrit

Lister les arguments acceptables de ceux qui sont pour et de ceux qui sont contre.

Décorer la B.C.D.

Objectif principal

Conduire l'élève à tenir compte de l'enjeu du débat : convaincre l'interlocuteur.

Durée

1 heure environ.

Dispositif pédagogique

Phases 1, 2, 4 & 6 : collectives.
Phase 3 : par groupes puis collective.
Phase 5 : par groupes ou individuelle (selon le cas).

Déroulement des opérations

Phase 1 : recherche d'idées pour aménager la BCD.
- Observer la BCD puis écrire / dessiner ce qu'on aimerait y trouver pour qu'elle soit plus jolie, plus confortable.
- Faire la liste des objets ou des aménagements souhaités et faire dire pourquoi ils ont été choisis par l'élève ou par le groupe.

Phase 2 : recherche de personnes-ressources et d'un argument susceptible de les convaincre.
- Comment faire pour obtenir ces objets, ces aménagements ?
- Différencier ceux qu'on peut fabriquer / acheter.
- Chercher qui va le faire (à qui on va pouvoir le demander et ce qu'on va pouvoir dire).

Exemples :
- *Maman pourrais-tu faire un coussin pour la BCD pour qu'on y soit mieux installé ?*
- *Madame la libraire, nous voudrions des affiches pour décorer notre BCD...*
- *Monsieur le directeur, il faudrait un présentoir pour mieux voir les nouveaux magazines...*

Phase 3 : recherche d'arguments supplémentaires.
Par petits groupes, les élèves recherchent deux à trois arguments pour tel ou tel aménagement souhaité.
Exemple :
Obtenir des coussins parce que c'est :
- confortable - gai - coloré - doux.

Et si les personnes-ressources disent non ? Que pourra-t-on ajouter ? Que serons-nous obligés de faire ? Pourquoi ?
- Discuter pour qu'ils acceptent, soient d'accord.

Que voulons-nous ?
- les convaincre d'accepter.

Phase 4 : ajout d'un nouveau critère dans la fiche outils.
Dans un débat : on essaie de faire accepter ses raisons, de convaincre l'autre.

Phase 5 : rencontre des personnes-ressources.
(à l'école ou à la maison).

Phase 6 : réflexion sur l'activité.
A-t-on réussi ? Pourquoi ?

Critères de réussite

Choix pertinent des arguments en fonction :
- des objets.
- des réponses des interlocuteurs.
- respect des critères précédents de la fiche outils.

Variantes

Toute situation qui confronte les élèves à d'autres personnes, dans l'intention de les convaincre.

Liaisons oral/écrit

Dicter / écrire une lettre au libraire pour faire notre demande, en travaillant les critères de ce type d'écrit.

J'aime les vacances à la mer (1)

Objectif principal

Conduire l'élève à justifier son opinion personnelle à l'aide d'arguments.

Durée

1 heure environ.

Dispositif pédagogique

PHASE 1 : recherche individuelle.
PHASES 2, 3 & 4 : collectives.

Matériel supports

- Cassette.
- Cartes postales représentant des paysages (montagne, mer, campagne).

Déroulement des opérations

PHASE 1 : observation des supports, échanges.
- L'enseignant présente les cartes postales.
- Il demande aux enfants ce qu'elles représentent et où ils sont déjà allés.

PHASE 2 : expression d'une opinion.
- Faire choisir à chaque enfant la carte de l'endroit où il aimerait aller en vacances.
- Demander à quelques enfants de présenter le lieu qu'ils préfèrent.

PHASE 3 : justification de son opinion.
- Avez-vous compris pourquoi tel enfant aime les vacances à la mer, à la montagne... ?

L'enseignant demande à l'élève de préciser, de justifier les choix qui ne sont pas étayés. Puis, il demande au groupe si les explications de X sont les mêmes que celles de Y. À la fin du travail, la classe met en évidence les différentes motivations.
Exemples : pêche ou baignade, sport ou repos...

PHASE 4 : ajout d'un nouveau critère dans la fiche outils.
Pour exprimer son point de vue, il faut expliquer, utiliser des arguments.

Critères de réussite

Trouver des raisons pour expliquer son choix.

Variantes

Toute activité où l'élève peut exprimer une préférence, un choix et l'expliquer.

Liaisons oral/écrit

Exercices : compléter des phrases :
- *J'aime le ski parce que...*
- *Je n'aime pas la mer parce que...*

J'aime les vacances à la mer (2)

Objectif principal

Conduire l'élève à gérer ses arguments en utilisant certains outils linguistiques, connecteurs logiques (*mais*, *parce que*...) et énumératifs (premièrement, deuxièmement...) (*Tout d'abord*, *ensuite*, *enfin*).

Durée

1 heure environ.

Dispositif pédagogique

PHASE 1 : petits groupes.
PHASES 2 & 5 : un élève de chaque groupe.
PHASES 3 & 4 : collectives.

Matériel supports

- Cartes postales représentant des paysages (montagne, mer, campagne).
- Magnétophone.

Déroulement des opérations

PHASE 1 : recherche d'arguments à partir d'un thème inducteur.
L'enseignant groupe les élèves en fonction de leur lieu de vacances préféré. Il leur demande de se rappeler les raisons de leur choix pour en préparer la présentation aux autres. « Ensemble, vous allez vous rappeler toutes les raisons pour lesquelles vous avez choisi la mer, la montagne, et chercher comment vous allez le dire aux autres. »

PHASE 2 : enregistrement des arguments au magnétophone.
Un élève de chaque groupe vient devant la classe formuler les arguments trouvés. Il est enregistré.

PHASE 3 : analyse des productions.
Faire écouter les enregistrements pour :
- vérifier qu'il y a plusieurs arguments ;
- noter les répétitions (*et puis... et puis...*) (*parce que... parce que...*) ;
- mettre en évidence les autres connecteurs logiques et énumératifs, s'il y en a, et leur rôle.

PHASE 4 : recherche des connecteurs pour gérer les arguments.
L'enseignant écrit au tableau les arguments trouvés par un groupe. Puis, on cherche collectivement comment relier entre eux ces arguments : la liste des mots qui peuvent aider est consignée au fur et à mesure (d'abord... premièrement...).

PHASE 5 : reformulation en tenant compte des remarques de la phase 4.

Critères de réussite

Pertinence des connecteurs trouvés pour relier plusieurs arguments.

Variantes

Sac aux arguments : piocher trois arguments dans la liste établie collectivement et les relier de manière cohérente.

Liaisons oral/écrit

Ecrire un court texte dans lequel on explique pourquoi on a aimé un livre, un film... (pour le journal de l'école).

Avoir un chien à la maison

Objectif principal

Conduire l'élève à fournir des contre-arguments, face à un interlocuteur, à partir d'un problème de société le concernant.

Durée

1 séance d'une heure ou 2 séances de 30 minutes environ.

Dispositif pédagogique

PHASES 1, 3 & 5 : collectives.
PHASE 2 : 2 équipes, puis collective.
PHASE 4 : 2 équipes débatteurs / meneur de jeu / spectateurs.

Matériel supports

Album *On peut le garder ?*, S. Kelloggs, L'École des loisirs.

Déroulement des opérations

PHASE 1 : lecture de l'album par l'enseignant.
L'enseignant présente aux élèves l'album *On peut le garder ?* Une discussion s'amorce dans la classe sur le thème : la présence à la maison d'un animal domestique.

PHASE 2 : recherche d'arguments pour, puis d'arguments contre.
Sur le thème *avoir un chien à la maison*, les enfants recherchent des arguments pour ou des arguments contre. Une synthèse collective est effectuée au tableau (deux colonnes).

Par exemple :

a) C'est un compagnon	*a') Il peut provoquer des allergies*
b) Il garde la maison	*b') Il salit la maison*

PHASE 3 : recherche de contre-arguments.
Il s'agit alors de chercher des réponses possibles aux arguments avancés en phase 2 (qu'ils soient pour ou contre). Par exemple, en réponse à **a'** on peut répondre : « *c'est extrêmement rare* ».

PHASE 4 : débat.
Après le rappel de la fiche outils, l'enseignant met en scène un petit débat. Deux élèves s'affrontent sur le thème en utilisant les idées émises précédemment. L'enseignant reste le meneur du jeu.

PHASE 5 : analyse du débat.
Le reste de la classe qui a assisté au débat critique à l'aide de la fiche outils. Des remédiations sont ensuite envisagées.

Critères de réussite

- Respect des règles du jeu formulées dans la fiche outils.
- Gestion cohérente des arguments, des contre-arguments.

Variantes

D'autres thèmes concernant la vie de l'enfant peuvent être abordés : le centre de loisirs pendant les vacances, les jeux vidéo…

Liaisons oral/écrit

- Écriture d'un petit texte pour le journal de l'école (rubrique : courrier des lecteurs) adoptant le point de vue d'un lecteur pour ou contre.
- Écriture d'un dialogue argumentatif sur le thème.

Pas d'accord ! [fin C.P./C.E.1]

Objectif principal

Conduire l'élève à manifester son point de vue en utilisant des verbes d'opinion, des connecteurs logiques ou des phrases négatives.

Durée

45 minutes à 1 heure.

Dispositif pédagogique

Phases 1, 3, 4 & 5 : collectives.
Phase 2 : petits groupes.

Matériel supports

- Cassette : partie « débat » ou autre débat expert enregistré par l'enseignant accompagné de sa transcription écrite.
- Fiche outils débat.

Déroulement des opérations

Phase 1 : étude d'un débat expert.
Visionner un débat. Amener les enfants à différencier les deux attitudes opposées.

Phase 2 : inventaire des moyens linguistiques utilisés.
Écouter le débat et, par petits groupes, noter les mots ou expressions indiquant le point de vue de chaque débatteur (que l'on soit d'accord ou pas).

Phase 3 : jeux de rôle.
Les élèves recherchent des arguments à partir d'une situation donnée.
Par exemple :
- *un enfant réclame un ballon pour la récréation au directeur d'école ;*
- *une maman refuse des bonbons à son enfant…*

Ensuite, ils jouent la situation devant la classe.
« Vous allez jouer votre scène pendant que les autres élèves vous observeront. À la fin, ils diront quels arguments vous donnez et quels mots de la liste (phase 2) vous utilisez ! »

Phase 4 : analyse du débat.
Les arguments et contre-arguments ont-ils été amenés par les connecteurs, verbes d'opinion ou négations ?

Phase 5 : ajout d'un nouveau critère dans la fiche outils.
Dans un débat : on peut utiliser certains mots pour dire ce qu'on pense : (*je pense, je crois, je suis sûr… mais non, pas du tout… ce n'est pas vrai…*).

Critères de réussite

Utilisation pertinente des moyens linguistiques recensés en phase 2.

Variantes

Au C.E.1 une ébauche de classement grammatical pourra être effectuée : verbes, phrases négatives, « petits mots ».

Liaisons oral/écrit

Texte à trous qu'il faudra compléter avec des mots de la liste. (De préférence un mini débat.)

Judo ou escalade ?

Objectif principal

Conduire l'élève à réinvestir ses connaissances acquises sur le débat dans une situation fonctionnelle liée au vécu de la classe.

Durée

1 heure.

Dispositif pédagogique

PHASES 1, 4 & 5 : collectives.
PHASE 2 : petits groupes.
PHASE 3 : 2 groupes de 2 élèves.

Matériel supports

Fiche outils débat p. 78

Déroulement des opérations

PHASE 1 : présentation de la situation aux enfants.
L'enseignant invite les élèves à réfléchir au problème suivant :
« Le mardi après-midi, qu'allons-nous choisir de faire au gymnase ? » Il recense alors les possibilités pour n'en garder que deux, les moins courantes, par exemple : judo / escalade, si les conditions matérielles le permettent.

PHASE 2 : préparation du débat.
L'enseignant constitue des groupes selon les préférences des élèves. Les élèves recherchent des arguments en faveur de leur choix. Dès qu'ils en ont plusieurs, l'enseignant leur donne un tableau pour les inciter à rechercher des contre-arguments et des réponses aux contre-arguments.
Exemple :

Arguments pour	Contre-arguments	Réponses
c'est agréable de grimper en haut du rocher.	mais c'est dangereux.	non, on est très bien attaché…

Les élèves cherchent ensuite un ou deux contre-arguments à opposer à l'autre activité.

PHASE 3 : mise en scène du débat.
- Deux élèves de chaque opinion et l'enseignant en meneur de jeu.
- Les élèves s'affrontent dans le but de convaincre la classe.

PHASE 4 : analyse du débat.
- Qui a été le plus convaincant ? (pertinence des arguments, des contre-arguments, des réponses).
- Quelqu'un a-t-il changé d'avis ?
- Pourquoi ?
- Les critères de la fiche outils ont-ils été respectés ?

PHASE 5 : choix de l'activité.

Critères de réussite

Sérieux des débatteurs, pertinence des arguments et contre-arguments.

Variantes

Tout sujet lié au vécu de la classe et qui nécessite un choix : achats de livres, de jeux, visites...

Liaisons oral/écrit

Écriture d'un dialogue argumentatif : un enfant essaie de convaincre sa mère de le laisser faire de l'escalade.

Bonbons ou sucettes ?

Objectif principal

Conduire l'élève à réinvestir ses connaissances dans une situation ludique.

Durée

1 heure.

Dispositif pédagogique

PHASES 1 & 4 : collectives.
PHASE 2 : 4 groupes.
PHASE 3 : des groupes « joueurs », des groupes « observateurs » (à tour de rôle).

Matériel supports

Fiche outils débat

Déroulement des opérations

PHASE 1 : présentation de l'activité.
Le jeu de la marchande de bonbons.
Lorsqu'un client lui demande des bonbons, elle essaie de lui vendre des sucettes qu'il refuse (et inversement s'il lui demande des sucettes). Organiser la classe en quatre groupes :

- un pour les marchands,
- un pour les demandeurs de bonbons,
- un pour les demandeurs de sucettes,
- un pour les observateurs.

PHASE 2 : préparation des débats.
Chaque groupe prépare ses arguments, des contre-arguments possibles et une réponse appropriée.

PHASE 3 : mise en scène des « ventes ».
Le nombre de ventes dépend du nombre de vendeurs. Une marchande reçoit son client pendant que les observateurs comptent les points : 1 point par argument, 2 par contre-argument.

PHASE 4 : analyse des débats.
Qui a le plus de points ? Qui a été le plus convaincant ? Et pourquoi ?

Critères de réussite

- Contrarier systématiquement l'acheteur / refuser la proposition du vendeur.
- Être convaincant.
- Respecter les critères de la fiche outils.

Variantes

- Tout thème n'impliquant pas personnellement les élèves et qui ne sera pas l'objet d'un choix véritable.
- Organisation de type tournoi avec plusieurs thèmes en parallèle.

Liaisons oral/écrit

Chaque élève écrit une suite argument/contre-argument/réponse sur un thème donné.
Par exemple, *J'aime le coca parce que ça fait des bulles. Oui, mais ça gonfle l'estomac. Peut-être mais après on digère mieux.*
L'enseignant regroupera toutes les productions pour en faire un livre à choix multiples en le découpant. Les élèves l'utiliseront de façon aléatoire pour lire des phrases ludiques ou de façon logique pour reconstituer les phrases initiales.

Débat avec un bonhomme de neige

Objectif principal

Conduire l'élève à réinvestir ses connaissances dans une situation de création (saynète) liée à un projet de lecture-écriture.

Durée

1 heure.

Dispositif pédagogique

Phase 1 & 4 : collectives.
Phase 2 : quatre groupes.
Phase 3 : deux élèves/groupes devant la classe.

Matériel supports

- *Le Noël de Bonhomme de neige*, R. Briggs, éditions Grasset Jeunesse (version sans texte) en album ou en cassette vidéo.
- La fiche outils.

Déroulement des opérations

Phase 1 : observation de l'album (ou de la cassette).
Il s'agit d'un album sans texte. Raconter l'histoire, repérer les moments où les personnages manifestent leur crainte :

- *le bonhomme de neige hésite à entrer dans la maison,*
- *le bonhomme de neige entre dans la chambre des parents,*
- *le bonhomme de neige s'approche trop du feu,*
- *le bonhomme de neige veut emmener le petit garçon sur la moto.*

Associer un groupe d'enfants à chaque scène. Leur expliquer qu'ils vont devoir jouer leur scène devant les autres.

Phase 2 : préparation des dialogues argumentatifs.
Les enfants recherchent les arguments du bonhomme de neige et du petit garçon en tenant compte de l'album.

Phase 3 : mise en scène des dialogues argumentatifs.
Les enfants jouent leur scène avec les dialogues qu'ils ont imaginés.

Phase 4 : analyse des productions.
Y a-t-il eu dialogue argumentatif correspondant à la situation ? (L'enfant a-t-il rassuré le bonhomme de neige ?) (L'enfant est-il monté sur la moto ?)

Critères de réussite

Respect de la fiche outils.

Variantes

Tout autre album permettant un dialogue pour régler un désaccord.

- *La Brouille*, Claude Boujon, L'École des loisirs
- *Disputes et chapeaux*, Yvan Pommaux, L'École des loisirs
- *La Fugue*, Yvan Pommaux, L'École des loisirs

Selon le niveau du cycle, si les enfants savent lire, on travaillera à partir des illustrations lorsque les albums comportent déjà des dialogues.

Liaisons oral/écrit

- Écrire les dialogues imaginés.

Scénario

Débat 1

Deux enfants parlent de la pêche.
L'un est « apprenti pêcheur », l'autre est plutôt réticent.

Luc : Tu viens chez moi demain ? J'ai un nouveau jeu pour Playstation.
Romain : Une autre fois… je vais à la pêche avec mon père.
Luc : À la pêche ! C'est nouveau, ça !
Romain : Mais non, ça fait la troisième fois que j'y vais depuis le début de l'année ;
Luc : Et où vas-tu pêcher ?
Romain : En étang… mon père a un copain qui en a un… il l'a invité à venir quand il veut.
Luc : Ce n'est pas ennuyeux de rester des heures à la même place ?
Romain : Pas du tout… D'abord on discute et puis mon père m'apprend à lancer, à monter l'hameçon…
Luc : Et à accrocher toi-même les asticots et les vers de terre ?
Romain : Bien sûr !
Luc : Beurk ! moi, ça me dégoûte rien que d'y penser… et puis c'est cruel.
Romain : Oh, écoute, quand tu écrases une fourmi ou une araignée sous ton talon, tu fais moins de sentiments…
Luc : C'est pas pareil… On n'aime pas voir une maison envahie par ces bestioles… En tout cas, moi, ça m'énerverait de rester tout un après-midi sans être sûr de prendre quelque chose.
Romain : C'est vrai : ça mord ou ça mord pas. Mais quand t'as un gros qui mord, tu verrais, c'est un vrai combat !
Luc : Un combat contre une pauvre petite bête qui ne t'a rien fait et qui aimerait bien qu'on la laisse tranquille…
Romain : En raisonnant comme ça, tu ne fais plus rien… Moi, ça me détend, on est en plein air, ça change un peu des jeux vidéo !
Luc : Peut-être, mais moi je préfère me détendre en allant jouer au foot.
Romain : Les deux ne sont pas incompatibles… Je vais aussi à l'entraînement de rugby, alors tu vois…

Scénario

Débat 2

Deux mères d'élèves discutent sur le trottoir devant l'école.

Première mère : Bonjour Léa, je voulais justement te voir... En circulant en voiture hier, en ville, j'ai aperçu Amandine toute seule dans les rues. J'avoue que ça m'a étonnée...
Seconde mère : Elle allait comme tous les mercredis à l'école de musique, pour suivre son cours de flûte. Qu'y a-t-il là d'anormal ?
Première mère : Tu ne l'accompagnes pas ?
Seconde mère : Bien sûr que non. L'école de musique est à huit cents mètres de chez nous ; elle en a pour dix minutes à pied.
Première mère : Oui, mais il peut arriver tant de choses en dix minutes !
Seconde mère : Que veux-tu qu'il lui arrive, en plein jour ?
Première mère : Des tas de choses ! D'abord, il y a beaucoup de circulation... Il suffit d'un chauffard... Un accident est si vite arrivé !
Seconde mère : Je connais Amandine ; elle fait très attention pour traverser le carrefour au feu et suit toujours le même trottoir... Les risques me semblent minimes.
Première mère : Certes, mais on parle beaucoup d'agressions en ville ces temps-ci. Encore l'autre jour, il paraît qu'un collégien a été racketté par une bande de voyous.
Seconde mère : Ce n'est pas du tout dans ce quartier et puis je ne pense pas qu'ils s'attaquent à une fillette de huit ans qui de toute évidence n'a pas d'argent sur elle.
Première mère : Et les enlèvements, tu y as pensé ?
Seconde mère : Quel scénario catastrophe ! C'est quand même extrêmement rare et Amandine sait qu'il ne faut pas monter dans une voiture inconnue... On ne va quand même pas laisser ses enfants en cage sous prétexte qu'il se passe quelquefois des événements horribles.
Première mère : N'empêche, huit ans, c'est bien jeune pour circuler toute seule en ville.
Seconde mère : Il faut un début à tout... Les enfants doivent être autonomes le plus rapidement possible et être capables de se débrouiller. Je pense que tu es un peu trop stressée.
Première mère : Tu as sans doute raison... N'empêche, je crois que moi je continuerai à accompagner Justine quelque temps encore à son école de danse !

Jeux oraux

Situations immédiates de communication

Définition

Les enfants entre eux, ou avec l'enseignant, ou avec un adulte, portent leur attention sur le même objet de référence. Ils se voient et partagent la même intention de communiquer. Pour parvenir à leurs fins, ils peuvent ajuster leurs stratégies discursives en utilisant toutes les facettes du langage (outils linguistiques, gestes, matériels...).

Deux pêcheurs, l'un expert, l'autre novice, procèdent au montage d'un hameçon. L'expert monte son hameçon, commente ce qu'il fait, accompagne ses actions de commentaires et d'explications. Il peut même aider son compagnon en procédant au montage à sa place.

Objectifs spécifiques

Conduire l'élève à comprendre **l'enjeu d'une situation immédiate de communication** et à utiliser des éléments de communication rapides et adaptés à cette situation.

Conduire les élèves à être attentifs l'un à l'autre pour qu'ils puissent mener à bien une tâche.

Conduire l'élève à tenir compte du statut du récepteur (âge et hiérarchie par rapport à l'émetteur).

Conduire l'élève à prendre conscience de l'utilité des gestes et des déictiques lors d'une transmission de consignes, pour une plus grande efficacité du récepteur.

Conduire l'élève à structurer clairement un discours lors d'une transmission de consignes, pour une plus grande efficacité du récepteur.

Conduire l'élève à adapter le niveau de complexité de l'information à son récepteur.

Conduire l'élève émetteur à utiliser les organisateurs textuels et connecteurs traduisant le temps.

Fonction dominante

Prendre en compte et acquérir les éléments constitutifs de la situation immédiate de communication.

Compétences visées

- Être capable de tenir compte de l'enjeu de la situation de communication : un émetteur doit transmettre des informations à un récepteur qui en a besoin.
- Être capable d'être attentif au récepteur pour mener à bien une tâche.
- Être capable pour l'émetteur de se mettre à la place de son récepteur, tenir compte de sa situation, de son savoir, de son statut (âge et hiérarchie par rapport à lui).
- Être capable d'utiliser un matériel en faisant appel à une gestuelle, des déictiques pouvant aider à l'efficacité du récepteur.
- Être capable d'adapter le niveau de complexité de l'information à son récepteur.
- Être capable d'utiliser les organisateurs textuels et connecteurs traduisant le temps.

Rôle de l'enseignant

- Aider les élèves à se représenter la tâche à faire et ses enjeux.
- Aider les élèves à acquérir les compétences ci-dessus en étant le médiateur entre eux, en pointant les dysfonctionnements et en proposant aux émetteurs, récepteurs, observateurs, de rechercher des remédiations.

Sommaire activités

La carte au trésor du pirate

Objectif principal

Conduire l'élève à comprendre l'enjeu d'une situation immédiate de communication et à utiliser des éléments de communication rapides et adaptés à cette situation.

Durée

1 heure environ.

Dispositif pédagogique

PHASES 1, 3 & 5 : Un émetteur/un récepteur/des observateurs.
PHASES 2 & 4 : collectives.

Matériel supports

- Un trésor (pièces en chocolat ou bonbons, par exemple).
- Des petits éléments de jeux (type : Lego ou playmobils) : maison, arbres, voitures, personnages...
- Une feuille quadrillée.

Chaque groupe dispose du même matériel.

Déroulement des opérations

PHASE 1 : présentation du jeu.
Émetteur et récepteur sont séparés par une cloison qui leur permet de s'entendre mais pas de voir les manipulations de l'autre. Nous sommes donc à ce stade dans une situation non immédiate de communication.
Avant la phase d'échanges, les éléments de jeux (maison, arbres, voitures, personnages) sont disposés à l'identique sur les feuilles quadrillées de l'émetteur et du récepteur. L'émetteur dispose ensuite 5 pièces de son trésor sur sa feuille. Il donne ensuite des indications au récepteur pour qu'il place ses pièces exactement au même endroit que lui. Il doit être le plus précis possible du point de vue linguistique (dénomination des éléments, vocabulaire traduisant les repères spatiaux avant/après/devant/derrière...). Le récepteur doit prendre alors les éléments du trésor et les situer au même endroit que son émetteur.

PHASE 2 : analyse des productions.
On évalue la production du récepteur en comparant les deux plans de jeux et les positions des pièces.

PHASE 3 : inversion des rôles.
Le récepteur devient émetteur (idem phase 1) et l'on évalue (idem phase 2).

PHASE 4 : entrée en jeu des observateurs.
À présent les observateurs peuvent ajouter des précisions sur la désignation ou la place des objets ainsi que des gestes ou des déictiques. On évalue les productions du récepteur avec toutes les informations données.

PHASE 5 : variante en situation immédiate.
Reprise du jeu mais sans la cloison (situation de communication immédiate). Seuls émetteur et récepteur ont le droit de s'exprimer. Ils doivent tenir compte des idées apportées précédemment par les observateurs.

Critères de réussite

Au fil du jeu, les précisions apportées sont de plus en plus rapides, précises et adaptées à une situation immédiate de communication.

Liaisons oral/écrit

- Rédiger un itinéraire pour se rendre à un endroit précis avec le plan.
- Écrire aux correspondants pour leur indiquer comment ils trouveront l'école avec un dessin.

Variantes

Trois groupes d'émetteurs/récepteurs ont à faire le même type de jeu que celui qui a été présenté plus haut. Les positions des pièces du trésor sont les mêmes. C'est le groupe le plus rapide et le plus efficace qui gagne.

Des pliages pour un sac

Objectif principal

Conduire les élèves à être attentif l'un à l'autre pour qu'ils puissent mener à bien une tâche.

Durée

1 heure environ.

Dispositif pédagogique

PHASE 1 : magistrale (l'enseignant et un élève).
PHASES 2 & 3 : en équipe de deux élèves (émetteur/récepteur).
PHASES 4 & 5 : collectives ou par petits groupes.

Matériel supports

- Fiche technique : le sac en papier, *Découverte de la matière et de la technique*, Hachette Éducation.
- papier, ciseaux, colle, trombones.

Déroulement des opérations

PHASE 1 : présentation de l'activité à un élève.
L'enseignant présente à un élève de la classe la fiche technique permettant la fabrication d'un sac en papier par pliage-collage. L'enfant exécute la fabrication en mémorisant les différentes étapes pour les retransmettre ensuite à un autre élève. Si l'élève éprouve des difficultés à réaliser le sac en papier, l'enseignant est là pour rendre claire la fiche technique grâce à ses explications orales, en montrant ce que l'élève n'a pas compris, en l'aidant de toutes les manières...

PHASE 2 : réalisation du jeu par l'élève désigné.
L'enfant qui connaît à présent le pliage essaie ensuite de le communiquer à un autre élève de la classe. Cet émetteur donne les indications nécessaires jusqu'à ce que le récepteur parvienne à réaliser concrètement l'objet.

PHASE 3 : verbalisation de l'activité.
Le récepteur précédent s'entraîne avec l'aide de l'émetteur à retrouver oralement ou avec d'autres moyens les étapes de la fabrication du sac.

PHASE 4 : nouvelle réalisation.
Le récepteur devient émetteur et propose à son tour la réalisation de l'objet à un nouvel élève qui essaie à son tour de retrouver les indications indispensables à transmettre pour réaliser l'objet.

PHASE 5 : extension de l'activité.
Les trois enfants qui ont été récepteurs transmettent au reste des élèves de la classe (qui n'a pas assisté aux premières phases) le procédé de fabrication pour que tous réalisent le sac. Tous ensemble les élèves essaient de retrouver l'ordre des opérations, les « manières » de dire et de faire les plus efficaces. Ils proposent tous des solutions et l'ensemble de la classe choisit les « manières » qui lui paraissent les plus efficaces.

Critères de réussite

Réalisations concrètes et efficaces des objets par les divers récepteurs.

Variantes

- Transmettre des pliages variés, des recettes, des fiches techniques, des règles du jeu.
- On peut garder un groupe témoin qui a réalisé la tâche avec la seule fiche technique, pour montrer l'importance des indications orales.

Liaisons oral/écrit

- Rédiger la fiche technique correspondant au pliage proposé en remplaçant les schémas de la fiche originale par des phrases déclaratives ou impératives.
- Rédiger d'autres fiches du même type.

Jeu de construction

Objectif principal

Conduire les élèves à être attentifs au récepteur, à tenir compte de son statut (âge et hiérarchie par rapport à l'émetteur).

Durée

Phase 1 : Plusieurs séances de technologie.
Phases 2, 3, 4 & 5 : 30 à 45 minutes chacune.

Dispositif pédagogique

PHASE 1 : collective avec le premier groupe classe.
PHASES 2 & 5 : travail de groupes.
PHASE 3 : échange de messages avec d'autres classes.
PHASE 4 : collective.

Matériel supports

- *Technico*, Jeu Éducatif Nathan, ou tout autre jeu de construction avec fiches techniques (comportant des photographies ou schémas et peu de texte).
- Un magnétophone.

Déroulement des opérations

PHASE 1 : découverte de montages.
Un groupe-classe travaille pendant une période donnée avec un matériel de construction et réalise les montages proposés par les fiches techniques avec l'aide de l'enseignant.

PHASE 2 : présentation de l'activité.
Ce groupe-classe est ensuite partagé en trois groupes qui auront à transmettre un montage d'objet à une autre classe.
Groupe 1 : transmettre à un groupe de même niveau scolaire.
Groupe 2 : transmettre à un groupe d'âge inférieur.
Groupe 3 : transmettre à un groupe d'âge supérieur.
Les enfants réfléchissent en groupe à ce qu'il faudra dire ou préciser pour réaliser le montage en fonction de l'âge et des connaissances des récepteurs.

PHASE 3 : réalisation.
Les différents groupes se rencontrent et on mesure l'efficacité des informations délivrées dans la réalisation des montages proposés. On enregistre les informations données dans les différents groupes, puis on les analyse avec les récepteurs.

PHASE 4 : reformulations.
Les élèves tentent de reformuler en tenant compte des difficultés rencontrées par les différents récepteurs. Ils proposent différentes « manières de dire ou de faire » qui seraient acceptables.

PHASE 5 : reprise de l'activité.
Les trois groupes refont le travail de la phase 2 avec des récepteurs différents mais présentant les mêmes caractéristiques d'âge.

Critères de réussite

Réalisation correcte des montages d'objets par les différents groupes.

Variantes

Transmettre de la même façon des recettes, des pliages, des règles du jeu...

Liaisons oral/écrit

Écrire le mode d'emploi d'un montage donné dans le jeu de construction à différents destinataires : donner tous les éléments indispensables à la réalisation du montage.

Découvrons la photocopieuse

Objectif principal

Conduire l'élève à prendre conscience de l'utilité des gestes et des déictiques lors d'une transmission de consignes, pour une plus grande efficacité du récepteur.

Durée

Phase 1 : 30 minutes.
Phases 2 & 3 : 45 minutes environ.
Phase 4 : 30 minutes.

Dispositif pédagogique

Phase 1 : une demi-classe partagée par groupes de trois.
Phases 2 & 3 : successivement deux groupes de trois élèves face à quelques enfants de l'autre demi-classe.
Phase 4 : collective.

Matériel supports

- La photocopieuse de l'école.
- Un magnétophone, des ciseaux, du papier, des éléments à photocopier.

Déroulement des opérations

Phase 1 : manipulations de l'appareil, tâtonnements pour accomplir une tâche proposée par l'enseignant.
Les élèves, par petits groupes de trois, doivent réaliser la photocopie d'une page proposée par l'enseignant ainsi que la réduction de cette page. Auparavant l'enseignant donne quelques informations générales sur l'appareil, son fonctionnement et les précautions élémentaires à prendre. Munis de ces conseils, les élèves tâtonnent avec l'appareil pour réaliser au mieux la tâche.

Phase 2 : réalisation d'un message de type 1.
Un groupe de trois élèves qui a tâtonné devant l'appareil essaie de transmettre à quelques enfants de l'autre demi-classe les informations nécessaires pour réaliser le plus vite et le mieux possible la tâche demandée, sans faire de gestes et sans utiliser de déictiques (*ça*, *ici*, *là*...). L'enseignant enregistre leurs propos.

Phase 3 : réalisation d'un message de type 2.
Un autre groupe de trois élèves transmet à son tour ce message à d'autres enfants de l'autre demi-classe, en utilisant s'ils le souhaitent des gestes et/ou des déictiques. L'enseignant enregistre ce nouveau message.

Phase 4 : réflexion sur l'activité.
On compare alors les résultats du groupe récepteur 1 et ceux du groupe récepteur 2. Une écoute attentive des deux enregistrements permet de noter les variantes orales qui ont apporté des solutions plus ou moins satisfaisantes et de mettre en évidence le rôle des gestes et des déictiques dans certaines situations de communication liées à l'action (*C'est plus facile avec des gestes, en montrant, ça va plus vite...*).

Critères de réussite

- Manipulations aisées et faciles du matériel par les élèves qui ont reçu le message 2.
- Découverte du rôle des gestes et des déictiques dans une situation de communication immédiate.

Variantes

Découvrir de la même manière d'autres matériels relativement simples et nouveaux pour les élèves.

Liaisons oral/écrit

- Écrire les règles d'utilisation du photocopieur.
- Lister les interdictions ou précautions à prendre pour ne pas faire de fausses manœuvres.

Comment utiliser le magnétophone ?

Objectif principal

Conduire l'élève à structurer clairement son discours lors d'une transmission de consignes, pour une plus grande efficacité du récepteur.

Durée

1 h 30 minutes environ en une ou deux séances, selon les niveaux.

Dispositif pédagogique

PHASE 1 : une demi-classe par groupes de trois, l'autre en autonomie.
PHASE 2 : tâche différenciée selon les groupes.
PHASE 3 : collective.

Matériel supports

Plusieurs magnétophones, cassettes vierges, micros.

Déroulement des opérations

PHASE 1 : manipulations de l'appareil, tâtonnements pour accomplir la tâche proposée par l'enseignant.
Les élèves d'une demi-classe, répartis par groupes de trois autour d'un magnétophone, ont pour tâche d'enregistrer un message sur une cassette vierge. Ils tâtonnent pour trouver la marche à suivre. Auparavant l'enseignant donne quelques conseils pour éviter que les élèves ne détériorent le matériel, signale les dangers possibles, les précautions à prendre. Il s'assure à la fin de la phase 1 que deux groupes au moins ont réussi la tâche. Dans le cas contraire il apporte son aide et fournit quelques pistes de recherche.

PHASE 2 : réalisation de deux types de messages.
– Un groupe choisi par l'enseignant doit se préparer à transmettre les consignes à un groupe de l'autre demi-classe. Il faut qu'il se souvienne de l'ordre des opérations, dire clairement ce qu'il faut faire d'abord, ce qu'il faut faire ensuite, ou ce qu'il faut faire en même temps… Il dispose pour cela d'une dizaine de minutes.
– Pendant ce temps, un autre groupe choisi par l'enseignant transmet immédiatement, sans temps de préparation, les consignes à un autre groupe de l'autre demi-classe qui doit alors exécuter la tâche… L'enseignant enregistre le message.
– Ensuite, le premier groupe qui a préparé transmet à son tour les consignes à un groupe d'élèves. L'enseignant enregistre ce nouveau message.

PHASE 3 : réflexion sur l'activité.
On compare les résultats obtenus dans les deux groupes. Il y a de fortes chances pour que le groupe ayant transmis les consignes « dans le feu de l'action » ait oublié une étape ou bien n'ait pas été assez clair. On s'interrogera alors : *Pourquoi le groupe « exécutant » n'a-t-il pas réussi ? Les différentes étapes étaient-elles bien ordonnées ? N'a-t-on rien oublié ?*
L'écoute de l'enregistrement 1 peut alors permettre de répondre. Dans le cas contraire on essaiera de se demander également pourquoi le groupe « exécutant » a réussi.

Critères de réussite

- Réalisation par les groupes « exécutants » de l'activité demandée.
- Structuration, clarté, précision du message transmis par le groupe ayant préparé.

Variantes

- Découvrir d'autres matériels un peu complexes et mal connus des enfants (caméscope par exemple).
- Valider le message ayant permis l'exécution de la tâche, dans une phase 5, auprès d'un autre public.

Liaisons oral/écrit

Écrire les règles d'utilisation de l'appareil pour la tâche demandée.

Apprenons un jeu aux petits

Objectif principal

Conduire l'élève à adapter le niveau de complexité de l'information à son récepteur.

Durée

Phases 1, 2 & 3 : 1 heure chacune.
Phases 4 & 5 : 30 minutes.

Dispositif pédagogique

Phase 1 : collective.
Phases 2, 3 & 5 : travail de groupes.
Phase 4 : collective.

Matériel supports

– Un jeu de société.
– Un magnétophone.

Déroulement des opérations

Phase 1 : découverte d'un jeu de société.
Avec l'aide de l'enseignant, les enfants découvrent un jeu de société et ses règles et s'entraînent à jouer convenablement.

Phase 2 : adaptation de la règle du jeu à des petits.
Les enfants doivent ensuite s'organiser pour communiquer les règles de ce jeu à une autre classe où les enfants seront plus petits. Ils essaient de traduire en langage clair et accessible les informations nécessaires devant être comprises par les plus petits.

– *Que faut-il énoncer en premier ?*
– *Dans quel ordre ensuite peut-on définir les règles ?*
– *Comment dire ? Comment faire ?*

Chaque groupe prépare ce qu'il va dire et faire.

Phase 3 : transmission de la règle du jeu.
Chaque groupe propose le jeu et ses règles à un groupe d'enfants de l'autre classe et mesure son efficacité. On enregistre les différents messages.

Phase 4 : analyse des résultats.
Le travail terminé, les élèves reviennent dans leur classe et parlent de ce qui s'est passé, notamment si les petits ont été attentifs et ont réussi. On écoute les différents messages enregistrés et on évalue les productions des enfants en fonction de ces informations données. On produit alors des messages plus adaptés avec toutes les données nécessaires (gestes, actions, aides diverses, conseils, paroles...).

Phase 5 : validation.
On teste le message sur un nouveau groupe.

Critères de réussite

Compréhension des élèves qui ont reçu l'information.

Variantes

Même opération avec d'autres types d'informations à transmettre. Inventer un jeu pour des plus grands.

Liaisons oral/écrit

– Écrire une règle du jeu en travaillant en parallèle ce type d'écrit.
– L'adapter ensuite pour des enfants plus jeunes ou plus âgés.

Préparons une rencontre lecture ! (fin C.P.)

Objectif principal

Conduire l'élève à adapter le niveau de complexité de l'information à son récepteur.

Durée

Phase 1 : 15 minutes.
Phases 2, 3 : 1 heure chacune.
Phases 4, 5 : 1 heure.

Dispositif pédagogique

PHASES 1 & 5 : collectives.
PHASES 2 & 3 : travail par petits groupes.
PHASE 4 : rencontre inter-classe.

Matériel supports

Trois albums lus par les enfants des trois classes du cycle.

Déroulement des opérations

PHASE 1 : présentation de l'activité.
L'enseignant expose les consignes. En vue d'une rencontre-lecture avec les autres classes du cycle, les élèves du C.P. vont utiliser un jeu de l'oie. Ils doivent trouver des questions en rapport avec les livres choisis dans le cycle. Pour chaque case deux questions vont être retenues : l'une relativement facile pour la G.S. (portant par exemple sur les illustrations ou sur les éléments des textes faciles à comprendre et à retenir), l'autre un peu plus difficile pour les C.E.1 (portant sur des détails significatifs du texte ou sur des éléments d'illustration qui ajoutent du sens au texte).

PHASE 2 : recherche de questions.
En petits groupes, les élèves du C.P. cherchent les questions en rapport avec la consigne précédente.

PHASE 3 : sélection de questions.
Collectivement et avec l'aide de l'enseignant, les élèves sélectionnent les questions : ils refusent celles qui constituent des pièges et celles qui ne demandent aucune compréhension des textes et retiennent en revanche celles qui répondent à la consigne. Une fois qu'un grand nombre de questions a été retenu, les élèves choisissent celles qui conviendraient à la G.S. et celles qui conviendraient au C.E.1.

PHASE 4 : journée rencontre-lecture.
Les questions choisies sont proposées aux élèves des autres classes. Quand les élèves ne peuvent répondre, ils doivent dire s'ils ne comprennent pas la question ou s'ils ne se souviennent plus de la réponse. On peut ainsi vérifier l'adaptation des questions posées au niveau choisi.

PHASE 5 : prolongements éventuels.
Après cet échange, on peut décider de proposer une nouvelle rencontre-lecture où chaque classe propose des questions à deux niveaux de difficulté. Lors de cette rencontre il y aura donc trois jeux où, tour à tour, une classe ne jouera pas mais devra arbitrer tandis que les deux autres classes s'affronteront.

Critères de réussite

Bonne compréhension des questions par les récepteurs.

Variantes

Même démarche pour une rencontre de type scientifique.

Liaisons oral/écrit

Écrire les questions à poser lors de la rencontre-lecture. Les complexifier ou les simplifier en fonction du récepteur choisi.

De l'ordre dans l'album

Objectif principal

Conduire l'élève émetteur à utiliser les organisateurs textuels et connecteurs traduisant le temps.

Durée

1 heure environ

Dispositif pédagogique

PHASE 1 : travail par groupes de deux ou trois.
PHASE 2 : un enfant par groupe face à la classe.
PHASES 3 & 4 : collectives.

Matériel supports

- Un album illustré inconnu des enfants répondant aux critères suivants :
  – être relativement court,
  – avoir une structure narrative facilement repérable,
  – comporter des organisateurs temporels.

Exemple possible : *L'Ogre, le loup, la petite fille et le gâteau,* de P. Corentin, L'École des loisirs.

- Des photocopies des pages de l'album, colle, ciseaux, papier.

Déroulement des opérations

PHASE 1 : découverte partielle d'un album.
Par petits groupes, les élèves de la classe découvrent une page de l'album illustré. Ils observent avec soin les illustrations et découvrent les textes (lecture individuelle par les C.E.1, lecture de l'enseignant pour les C.P. et G.S.).

PHASE 2 : description de pages de l'album.
Un enfant par groupe vient présenter aux autres sa page d'album. Il doit parler des personnages, des lieux et des situations décrites dans cette page. Par exemple, *Le loup et le gâteau sont d'un côté. L'ogre fait traverser la petite fille de l'autre côté de la rivière.*

PHASE 3 : recherche de chronologie.
Les enfants essaient de retrouver l'ordre des pages de l'album en justifiant leurs décisions. Ils doivent tenir compte des situations et des attitudes des personnages et être attentifs aux indications chronologiques indiquées clairement par des organisateurs temporels ou suggérées par le lexique. Par exemple :

« Il fait d'abord traverser la petite fille ;
Puis il revient chercher le loup…
« Allez hop ! Demi-tour… »

Les pages sont ensuite agrafées dans l'ordre choisi et les enfants racontent l'histoire.

PHASE 4 : analyse, recherche d'indices ayant facilité le travail.
L'enseignant présente l'album aux enfants et on compare l'ordre produit et l'ordre réel. S'il correspond bien, on retrouve les éléments qui ont permis de reconstituer le livre (organisateurs traduisant le temps, ordre des situations, attitudes des personnages, nombre de crocodiles...). S'il est différent, les enfants cherchent les raisons des erreurs commises et les organisateurs textuels qui n'auraient pas été pris en compte.

Critères de réussite

Reconstitution d'une histoire cohérente avec prise en compte des éléments traduisant le temps.

Variantes

Même travail, mais les groupes d'enfants disposent chacun de l'ensemble des pages de l'album à reclasser dans l'ordre. Dans cette situation, un effort dans l'argumentation s'impose encore plus.

Liaisons oral/écrit

Remettre en ordre un récit en tenant compte des organisateurs textuels et des connecteurs permettant de retrouver la chronologie du texte.

Jeux oraux

Situations non immédiates de communication

Définition

Les élèves entre eux, ou avec l'enseignant, ou avec un adulte portent leur attention sur le même objet de référence. Ils ne se voient pas, même s'ils partagent la même intention de communiquer. Pour parvenir à leur fin, ils peuvent ajuster leur stratégie discursive, mais cette fois-ci sans avoir recours à des gestes ou à des déictiques (là, comme ça). Seules la précision et la qualité des outils linguistiques peuvent permettre au locuteur d'être efficace.

Deux élèves, l'un émetteur, l'autre récepteur, ont devant eux X figurines à disposer sur leur table. Le problème est qu'ils sont séparés l'un de l'autre par un chevalet. Ils ne peuvent donc pas se voir. Par conséquent, l'émetteur est obligé de communiquer ses indications uniquement par des éléments linguistiques pour que son récepteur dispose ses figurines de la même manière.

Objectifs spécifiques

Conduire l'élève à tenir compte de l'enjeu de la communication : expliquer une règle du jeu.

Conduire l'élève à prendre en compte les données matérielles de la communication et à se mettre à la place du récepteur.

Conduire l'élève à reformuler ou diversifier ses outils linguistiques pour expliquer à des récepteurs une tâche complexe.

Conduire l'élève à utiliser un vocabulaire précis pour faire deviner un objet caché.

Conduire l'élève à utiliser des séquences textuelles différentes (descriptives, explicatives) pour aider le récepteur.

Conduire l'élève à verbaliser une stratégie, être précis pour une plus grande efficacité du récepteur.

Conduire l'élève à sélectionner et à hiérarchiser l'information.

Conduire l'élève à utiliser des organisateurs textuels et connecteurs traduisant le temps et l'espace.

Conduire l'élève à utiliser des outils linguistiques appropriés à la situation : phrases déclaratives, pronoms personnels, organisateurs temporels.

Fonction dominante

Prendre en compte et acquérir les éléments constitutifs de la situation non immédiate de communication.

Compétences visées

- Être capable de tenir compte des conditions matérielles qui empêchent le récepteur de voir ce que demande l'émetteur.
- Être capable pour l'émetteur de se mettre à la place du récepteur, prendre en compte sa situation, son savoir.
- Être capable de tenir compte de l'enjeu de cette communication.
- Être capable de tenir compte des hésitations, des difficultés, des observations du récepteur.
- Être capable pour l'émetteur d'utiliser des séquences textuelles de différentes natures pour aider le récepteur : descriptions, explications, reformulations...
- Être capable de clarifier la situation de communication en utilisant des outils linguistiques pertinents :
  - les types de phrase appropriés à la situation (faire faire, faire deviner...),
  - un vocabulaire précis,
  - des organisateurs temporels et spatiaux.

Rôle de l'enseignant

- Il montre les enjeux de la communication dans des situations variées. Il insiste sur les compétences qu'il faut acquérir et développer.
- Il est le médiateur entre les interlocuteurs, entre les interlocuteurs et les observateurs.
- Il procède au bilan de l'activité.

Sommaire activités

Jeux de billes

Objectif principal

Conduire l'élève à tenir compte de l'enjeu de la communication : expliquer une règle du jeu.

Durée

1 heure environ (cour ou préau).

Dispositif pédagogique

PHASE 1 : groupes de 4 enfants.
PHASE 2 : un émetteur par groupe.
PHASES 3 & 4 : collectives.

Matériel supports

- Des billes.
- Des règles de jeu de billes simples.

Déroulement des opérations

PHASE 1 : présentation de l'activité.
L'enseignant distribue les billes à chaque groupe et communique une règle différente d'une groupe à l'autre. Il s'assure qu'elle est comprise et laisse jouer pour que les élèves s'approprient leur règle de jeu pour l'apprendre aux autres ensuite.

Règles possibles :

• *Le plus près du mur :*
Chaque enfant envoie sa bille en direction d'un mur. Celui dont la bille est le plus près du mur gagne toutes les billes lancées.

• *Le tour de France :*
Un circuit est creusé dans le sable, les enfants frappent leur bille à tour de rôle et le premier arrivé gagne.

• *La poursuite :*
Deux enfants se poursuivent par l'intermédiaire de leur bille. Celui qui touche la bille de l'autre la gagne.

• *La pyramide :*
Un joueur dresse une pyramide avec quatre billes, les autres se placent à cinq pas et lancent chacun son tour leur bille pour faire tomber la pyramide. Celui qui réussit ramasse toutes les billes de la pyramide. Sinon, les billes qui n'ont pas atteint l'objectif sont gagnées par celui qui a fait la pyramide.

• *Le triangle, le foot, le rugby...*

PHASE 2 : apprendre sa règle de jeu.
Un enfant d'un groupe explique aux autres sa règle de jeu sans avoir recours aux gestes et au matériel. Les élèves des autres groupes essaient de jouer. Si les élèves manquent d'informations, ils posent des questions à l'émetteur. Celui-ci précise alors ses dires, reformule en fonction des attentes des récepteurs.

PHASE 3 : analyse des productions.
Les enfants répondent à des questions destinées à les amener à réfléchir sur leurs productions.
- Les groupes ont-ils compris les règles ?
- Ont-ils pu jouer, pourquoi ?
- Comment pourrait-on les aider... ?

PHASE 4 : formulation d'une synthèse du travail.
• Celui qui parle connaît quelque chose de plus que les autres.
• Il doit être clair et précis pour que les autres comprennent.

Critères de réussite

Règles de jeu comprises et appliquées.

Variantes

Tout autre jeu utilisant un matériel précis avec des règles simples.

Liaisons oral/écrit

Écrire une règle de jeu pour faire jouer d'autres enfants, après avoir lu et analysé des règles de jeu.

Jeu des 7 erreurs

Objectif principal

Conduire l'élève à prendre en compte les conditions matérielles de la communication et à se mettre à la place du récepteur.

Durée

30 minutes.

Dispositif pédagogique

PHASES 1, 3 & 4 : collectives.
PHASE 2 : un émetteur, deux récepteurs, les élèves en deux groupes d'observateurs.

Matériel supports

- Un jeu des 7 erreurs en 3 exemplaires.
- Un chevalet ou un cache pour isoler l'émetteur.

Déroulement des opérations

PHASE 1 : présentation de l'activité.
L'enseignant montre un jeu des 7 erreurs et il explique aux élèves le but de ce jeu : faire découvrir les 7 erreurs grâce aux seules indications de l'émetteur, qui va guider deux autres élèves pour réaliser ce travail. Ensuite, il explique aux élèves qu'un d'entre eux va en guider deux autres pour réaliser ce travail.

PHASE 2 : réalisation du travail.
L'élève 1 cherche les 7 erreurs derrière son chevalet. Lorsqu'il a terminé, il dit aux deux autres où sont situées les erreurs, l'un étant à ses côtés et l'autre dans un endroit plus éloigné de la classe.
L'élève 1 voit ce que fait l'élève 2 et peut, à tout moment, se corriger, lui demander s'il comprend les indications ou répondre à ses questions, mais il ne voit pas ce que fait l'élève 3 et ne peut pas communiquer ses informations de la même manière qu'avec l'élève 2.

PHASE 3 : analyse.
Dès qu'un des élèves 2 ou 3 a trouvé les 7 erreurs, le jeu s'arrête et les enfants qui ont observé peuvent comparer la justesse, la rapidité de la recherche, mais surtout la pertinence des indications de l'émetteur.
Il s'agit pour l'enseignant de faire réfléchir les élèves sur :
- Le fait de gagner tient-il compte de la qualité de l'émetteur, des récepteurs ou du lieu où ils se trouvent ?
- Qui a gagné ? Pourquoi ? Qu'aurait-on pu dire pour faire trouver telle erreur plus vite ? Que se passera-t-il si on change l'élève 1 et qu'on le mette à côté de l'élève 3 ?

PHASE 4 : formulation d'une synthèse du type :
- si on voit ce que fait l'autre, il est plus facile de l'aider.
- si on ne voit pas ce qu'il fait, il faut s'imaginer à sa place, être très précis pour arriver à l'aider.

Critères de réussite

Les élèves 2 et 3 trouvent les erreurs. Sinon, reformulation par l'élève 1 et par les observateurs des indications pour les faire trouver en phase 3.
Mise en évidence des différences dues au lieu.

Variantes

Selon le niveau du cycle, on pourra faire trouver des objets cachés dans la classe ou le préau en gardant toujours un récepteur vu par l'émetteur et un autre hors de vue.

Liaisons oral/écrit

Localisation écrite des erreurs à partir d'autres images, d'un trésor caché (à envoyer à une autre classe pour avoir une validation du travail).

Circuits

Objectif principal

Conduire l'élève à reformuler ou diversifier ses outils linguistiques pour expliquer à des récepteurs une tâche complexe.

Durée

30 minutes.

Dispositif pédagogique

Phases 1 & 3 : collectives.
Phase 2 : un émetteur, un récepteur, des observateurs.

Matériel supports

Circuit automobile ou ferroviaire demandé à un élève.

Déroulement des opérations

Phase 1 : présentation de l'activité.
L'enseignant montre le matériel et demande à l'enfant qui l'a apporté d'apprendre à un autre enfant à le monter sans utiliser de gestes. L'émetteur peut voir la réalisation progressive de son récepteur.

Phase 2 : réalisation.
L'émetteur indique au récepteur les procédures de montage du circuit. Le récepteur exécute les consignes et les autres élèves observent. L'enseignant peut inciter l'émetteur à préciser ou à reformuler ses indications jusqu'à ce qu'elles soient bien comprises du récepteur.

Phase 3 : analyse de l'activité.
L'enseignant demande aux élèves autres que l'émetteur :
- comment a-t-il dirigé le récepteur ?
- comment a-t-il dû dire ou redire pour être compris ?
- qu'est-ce qu'il aurait pu préciser ?

L'enseignant interroge les élèves : comment bien faire réaliser ce montage ?
- Il faut savoir le faire.
- Il faut faire comprendre quelles pièces on prend et comment on les fixe.
- Il faut regarder ce que fait l'autre pour l'aider, pour le corriger.
- Il faut redire autrement ce qu'il n'a pas compris.

Critères de réussite

- Montage du circuit bien réalisé.
- Reformulation des consignes par l'émetteur avec description des pièces, refus de ce que fait l'autre.

Variantes

Selon le niveau du cycle, on pourra :
- faire réaliser un affichage dans un sous-verre par 2 enfants : un qui dirige et l'autre qui réalise.
- choisir un autre circuit adapté aux enfants.

Liaisons oral/écrit

Écriture des consignes de montage du circuit. Écriture de la notice d'un montage réalisé en classe.

Découvrir le globe terrestre

Objectif principal

Conduire l'élève à utiliser un vocabulaire précis pour faire deviner un objet caché.

Durée

10 minutes la veille.
30 minutes le lendemain.

Dispositif pédagogique

PHASE 1 : deux élèves isolés.
PHASES 2, 4 & 5 : collectives.
PHASE 3 : deux élèves émetteurs et deux groupes récepteurs.

Matériel supports

2 globes terrestres dissimulés dans 2 cartons.

Déroulement des opérations

PHASE 1 : la veille, découverte du matériel par les deux élèves.
L'enseignant montre à deux élèves, deux globes, en les prévenant que, sans les montrer aux autres, ils devront leur faire comprendre quel objet ils décrivent. Il attire leur attention sur la forme, les couleurs, les écritures, l'utilisation de l'objet.

PHASE 2 : le lendemain, présentation du jeu.
L'enseignant désigne les deux élèves de la veille et présente à la classe deux cartons où se trouvent les globes. Il explique que ces deux enfants vont décrire ce qu'il y a dans les cartons sans le montrer ni le nommer.

PHASE 3 : réalisation des jeux en parallèle.
Chacun des deux élèves décrit l'objet à son groupe. Lorsqu'il a terminé, les récepteurs nomment ou dessinent l'objet.

PHASE 4 : analyse des productions.
L'enseignant regroupe les élèves et leur demande s'ils ont dessiné l'objet mystérieux.

– Si c'est le cas, il fait reformuler les renseignements qui en ont permis la découverte.

– Si l'un des groupes seulement a trouvé, il fait redire les informations à l'autre groupe.

– Si aucun des groupes n'a trouvé, après avoir montré l'objet à l'intérieur du carton, il fait rechercher les renseignements nécessaires : « *Pourquoi ça n'a pas marché ?* », « *Qu'auraient dû dire les deux élèves.* »...

PHASE 5 : synthèse.
L'enseignant demande aux élèves de définir le travail des deux émetteurs :

« *Que devaient-ils faire ?* » : nous expliquer quelque chose que nous ne connaissions pas.

« *Comment ont-ils procédé ou auraient-ils dû le faire ?* » : décrire globalement puis précisément pour qu'on trouve...

Puis celui des récepteurs :

« *Que devaient-ils faire ?* » : écouter et se représenter l'objet.

Critères de réussite

Les deux émetteurs décrivent d'une façon ordonnée et précise.
Les récepteurs écoutent les informations, trouvent l'objet...

Variantes

- Même travail avec un autre objet.
- Sans travail la veille, devinez qui je suis... (une basket...).

Liaisons oral/écrit

Découverte des termes précis qui permettent de décrire avec exactitude le globe terrestre (continent, mer, océan, pays...).

Bricolage

Objectif principal

Conduire l'élève émetteur à utiliser des séquences textuelles différentes (descriptives, explicatives) pour aider le récepteur.

Durée

30 minutes.

Dispositif pédagogique

PHASE 1 : un élève isolé de la classe.
PHASES 2 & 4 : collectives.
PHASE 3 : un émetteur / quatre récepteurs / les observateurs.

Matériel supports

- 4 plaques avec une vis à moitié vissée.
- 4 outils différents : clé plate, clé à molette, pinces multiprises, clé à douille à cliquet.

Déroulement des opérations

PHASE 1 : définition de la tâche à un élève émetteur.
L'enseignant apprend à un enfant à se servir des quatre outils, il lui fait dévisser les vis. Il lui explique que plus tard il devra le faire faire à ses camarades.

PHASE 2 : présentation du jeu à la classe.
L'enseignant présente l'élève émetteur, explique à la classe qu'il va faire réaliser un bricolage à quatre d'entre eux pendant que les autres observeront et écouteront. Quatre élèves sont désignés et pourvus d'une plaque et d'un outil.

PHASE 3 : réalisation du jeu.
L'émetteur guide les quatre récepteurs dans leur tâche sans montrer quoi que ce soit. Il doit se contenter de parler.

PHASE 4 : analyse des productions.
Les observateurs critiquent l'émetteur :
- *est-il arrivé à faire dévisser les vis aux quatre élèves ?*
- *a-t-il expliqué différemment selon les outils, selon ce que faisaient les récepteurs ?*

Ensuite, collectivement, les élèves reformulent les explications.
- « *Qu'est-ce qui aurait permis de dévisser la vis avec ces outils, avec ceux-ci... ?* »

Critères de réussite

Les récepteurs dévissent complètement leur vis. Les outils sont nommés et les explications de l'émetteur adaptées.

Variantes

La tâche à faire exécuter peut être d'une autre nature, par exemple :
- pliage avec différents formats de papier ou différents pliages (bateau, chapeau de samouraï, poisson, cocotte...).
- au C.E.1 : allumer une ampoule avec différents types de piles ou batteries.

Liaisons oral/écrit

Écriture d'un mode d'emploi de chaque outil.

Puzzle

Objectif principal

Conduire l'élève à verbaliser une stratégie,
à être précis pour une plus grande efficacité du récepteur.

Durée

30 minutes.

Dispositif pédagogique

Phases 1, 3 & 4 : collectives.
Phase 2 : trois groupes composés d'un émetteur, d'un récepteur et d'observateurs.

Matériel supports

- 6 exemplaires d'un même puzzle de 8/10 pièces (cartes postales découpées de la même façon).
- 3 chevalets ou « caches ».

Déroulement des opérations

Phase 1 : présentation de l'activité.
L'enseignant explique le jeu : trois élèves réalisent un puzzle puis le font faire à trois autres le plus vite possible.
Ensuite, il installe les élèves dans trois lieux distincts :
- trois émetteurs derrière un chevalet,
- trois récepteurs devant le chevalet et un groupe d'observateurs autour.

Phase 2 : réalisation du jeu.
Les émetteurs réalisent leur puzzle puis, au signal de l'enseignant, commencent les explications pour leurs récepteurs qui suivent les indications données. Les observateurs écoutent et indiquent quand le puzzle est terminé.

Phase 3 : analyse des productions.
L'enseignant rassemble les élèves et leur demande qui a été le plus rapide. Il demande aux récepteurs ce qui les a aidés ou gênés et aux observateurs comment les émetteurs leur ont fait choisir et disposer les pièces.

On peut s'attendre à 2 types de formulations.
– *Prends les quatre coins.*
– *Prends la pièce où il y a du vert et du bleu...*
(C'est-à-dire des explications plus ou moins globales ou fermées.) L'enseignant demande aux élèves de trier les informations les plus efficaces.

Phase 4 : synthèse.
Les élèves donnent une règle de fonctionnement pour ce jeu en répondant à la question de l'enseignant : *que faut-il faire pour gagner ?*

– **Émetteur** : bien faire comprendre de quelle pièce il parle et où il faut la poser. Ne pas s'occuper d'autre chose.

– **Récepteur** : écouter et faire rapidement ce que lui dit l'émetteur.

Critères de réussite

La rapidité d'exécution, les reformulations par rapport à ce qui a été dit (ce qu'on aurait pu dire).

Variantes

Le tangram offre une possibilité plus complexe de ce travail. On peut aussi faire reproduire une suite de dominos.

Liaisons oral/écrit

Écriture des consignes les plus efficaces (à transmettre à une autre classe pour validation).

Labyrinthe

Objectif principal

- Conduire l'élève à sélectionner et hiérarchiser l'information.
- Conduire l'élève à utiliser des organisateurs textuels et connecteurs traduisant le temps (*d'abord*, *ensuite*…) et l'espace (*à gauche*, *à droite*, *tout droit*…).

Durée

30 minutes.

Dispositif pédagogique

Phases 1, 3 & 4 : collectives.
Phase 2 : un émetteur, la classe.

Matériel supports

- Des labyrinthes permettant plusieurs itinéraires.
- Un chevalet et un magnétophone.

Déroulement des opérations

Phase 1 : présentation du jeu.
L'enseignant montre un labyrinthe et fait expliquer le principe général du jeu. Il désigne un émetteur et partage le reste de la classe en récepteurs et observateurs. Ensuite, il explique que l'émetteur va décider un itinéraire et le dicter aux récepteurs. Les observateurs devront vérifier si les récepteurs suivent bien les indications de l'émetteur.

Phase 2 : réalisation du jeu.
L'émetteur, dissimulé par son chevalet, trace son itinéraire et le dicte aux autres. Pendant ce temps, les observateurs repèrent en silence les erreurs du récepteur. L'enseignant enregistre l'émetteur.

Phase 3 : analyse des productions.
L'enseignant fait comparer les itinéraires. En cas d'erreur, les observateurs indiquent si elle est due à l'émetteur ou au récepteur. « *Récepteur n'a pas fait ce que disait Émetteur.* » ou « *Émetteur n'a pas dit à quel moment il tournait...* » Au besoin, on refait collectivement l'itinéraire en écoutant l'enregistrement ce qui permet :
- de corriger les oublis ou erreurs de l'émetteur.
- de vérifier l'adéquation des tracés des récepteurs.

Phase 4 : synthèse.
L'enseignant demande aux élèves tout ce à quoi il faut penser pour réussir ce jeu :
- indiquer : les directions,
- compter les « routes »,
- donner des points de repère « l'arbre... », le point d'arrivée,
- utiliser un vocabulaire spatial précis.

Critères de réussite

- Adéquation entre les itinéraires de l'émetteur et des récepteurs.
- Reformulation exacte de l'itinéraire choisi.

Variantes

Selon le niveau du cycle, on pourra utiliser des labyrinthes plus complexes, des plans de quartiers ou de villes.

Liaisons oral/écrit

Écriture d'un itinéraire à donner à un autre élève pour qu'il le réalise ou qu'il le suive.

Faire un nœud

Objectif principal

Conduire l'élève à employer des outils linguistiques appropriés à la situation :
- phrases déclaratives,
- pronoms personnels,
- organisateurs temporels.

Durée

45 minutes.

Dispositif pédagogique

PHASES 1, 3 & 5 : collectives.
PHASES 2 & 4 : un émetteur, des récepteurs qui ne savent pas, des observateurs qui savent.

Matériel supports

Autant de lacets que d'élèves.

Déroulement des opérations

PHASE 1 : présentation de l'activité.
L'enseignant explique aux élèves que l'un d'entre eux va leur faire faire un nœud qu'il connaît bien. Il désigne un enfant qui sait attacher ses lacets et lui demande de le faire faire aux enfants de la classe qui ne savent pas.

PHASE 2 : réalisation des nœuds.
L'émetteur, entouré des récepteurs, indique comment on fait. Il doit reformuler pour que tous aient le temps de le faire. Les observateurs qui savent aussi nouer leurs lacets, regardent et écoutent.

PHASE 3 : observation des productions.
Les émetteurs ont-ils réussi leurs nœuds ?

PHASE 4 : analyse des productions.
Les récepteurs disent ce qu'ils n'ont pas compris et l'émetteur doit reformuler ses consignes pour les aider.

Exemples :

- **en phase 2 :**
« *Tu prends un brin (bout de lacet), tu le plies pour faire une boucle puis tu prends l'autre brin, tu fais le tour de la boucle et tu plies ce brin et tu le rentres dans le tour. Après, tu prends la première boucle et la seconde (le brin plié) et tu tires pour serrer le nœud.* »

- **en phase 4 :**
« *Tu prends la ficelle de gauche, tu la plies en deux pour faire une boucle, tu places tes doigts près du premier nœud...* »

PHASE 5 : critique des productions.
Les récepteurs et les observateurs s'expriment sur ce qu'a dit l'émetteur :
- savaient-ils de quel brin parlait l'émetteur, ce qu'ils devaient en faire ?
- comment aurait-on pu le dire ?

Critères de réussite

- Les récepteurs attachent les lacets.
- L'émetteur reformule et davantage de récepteurs font les nœuds.

Variantes

Faire réaliser le nœud de huit ou le nœud de chaise.

Liaisons oral/écrit

Écriture de consignes de réalisation dans l'ordre chronologique avec des connecteurs, des mots précis, les bons pronoms et des constructions de phrases correctes et claires.

Jeux oraux

Situations de communication sans rapport avec la réalité

Définition

Les enfants entre eux, ou avec l'enseignant ou avec un autre adulte, portent leur attention sur le même objet de référence. Cet objet de référence n'a rien à voir avec la réalité concrète du monde. Il concerne la langue (travail sur le mot, sur la phrase ou le texte).

Des élèves, à tour de rôle, essaient de raconter une histoire connue de tous en introduisant un mot pirate qui leur sera donné en secret par l'enseignant. Les autres élèves doivent essayer de le deviner.

Objectifs spécifiques

Conduire l'élève à prendre la parole, à écouter, en tenant compte de l'enjeu du discours : jouer avec les mots, le langage, dans une situation de communication sans rapport avec la réalité.

Conduire l'élève à analyser le matériau phonique, à être réceptif à l'humour produit par les jeux de sonorités, à jouer avec ces sonorités.

Conduire l'élève à analyser le matériau lexical et à jouer avec les rapports signifiant/signifié.

Conduire l'élève à analyser le matériau syntaxique et à jouer avec les procédés découverts.

Conduire l'élève à être réceptif à la musique des mots, aux connotations suggérées par les mots, à comprendre et produire des images poétiques.

Conduire l'élève à comprendre des discours complexes usant de toutes les ressources du langage et à en produire au sein d'activités de création.

Situations de communication sans rapport avec la réalité

Fonction dominante

Jouer avec le langage (matériau sonore, lexical, syntaxique, textuel).

Compétences visées

Compétences communicationnelles
- Prendre la parole.
- Écouter l'autre.
- Respecter l'enjeu de la communication : jouer avec le langage.

Compétences textuelles et linguistiques
- Analyser le matériau phonique, jouer avec les sonorités.
- Analyser le matériau lexical, jouer avec les rapports signifiant/signifié.
- Analyser le matériau syntaxique et jouer avec les procédés découverts.
- Comprendre et produire des images poétiques.
- Comprendre et produire des discours complexes usant de toutes les ressources du langage.

Rôle de l'enseignant

Mettre en place des situations de communication permettant de faire comprendre aux élèves l'usage ludique du langage.
Donner le goût aux élèves de cet usage ludique en proposant régulièrement des activités de création motivantes et adaptées au niveau, permettant un réinvestissement des procédés découverts.

Sommaire activités

Mots gigognes

Objectif principal

Conduire l'élève à analyser le matériau phonique, à être attentif au signifié, à être réceptif à l'humour produit par les jeux de sonorités.

Durée

45 minutes environ.

Dispositif pédagogique

PHASES 1 & 3 : collectives.
PHASE 2 : individuelle ou par deux, puis collective.

Matériel supports

- Poème *Pour apprendre aux enfants l'usage des gros mots* Claude Guillot, *Cartes postales*, éd. Saint-Germain-des-Prés.
- Poème *Les souris et le chat luthier*, P. Coran, Comptines pour ne pas chuinter, Éditions Casterman.
- Si possible, album de P. Corentin, *Pie, thon et python*, Hatier.

Déroulement des opérations

PHASE 1 : découverte d'un poème, lu à haute voix par l'enseignant.

Début du poème de Claude Guillot :

Prenez un gros mot : éléphant
Et découpez-le en rondelles
Regardez ce qu'il y a dedans
Il y a aile il y a faon...
Et le total c'est aile et faon...

Les enfants s'expriment et font part de leurs remarques : *c'est un poème, on dirait une recette au début, ce sont les mots qu'on découpe et l'on trouve d'autres mots...*

- Mise en évidence du principe des mots gigognes : des mots composés de plusieurs mots ayant un sens à eux tout seuls, mais qui n'ont rien à voir avec le mot de départ.
- Un travail identique peut être mené à partir du poème de P. Coran (extrait).

Sur le pont d'un chalutier
Un chat chic jouait du luth

Il avait mis des souliers,
Une cravate de jute »

Pendant que le chat luthier
Amusait les marins soûls

Les souris du chalutier
Rongeaient le chalut à trous...

PHASE 2 : recherche de mots gigognes.
L'enseignant propose une recherche de mots du même type. Selon les niveaux, la recherche peut être plus ou moins guidée (donner la première syllabe) ou démarrer sous forme de devinette. Par exemple, *chameau, papier, moustache, guitare...*
S'aider, si nécessaire, des illustrations de l'album de P. Corentin qui propose d'autres mots gigognes (*panthère, vautour, autruche, licorne...*).

PHASE 3 : production d'un petit texte comportant des mots gigognes.
En adoptant (ou non) la forme recette à partir d'un mot trouvé par les élèves.

Critères de réussite

- Comprendre le principe des mots gigognes en étant attentif au signifiant et au signifié ; en proposer.
- Réinvestir le procédé découvert dans une activité de création.

Variantes

La découverte des supports écrits peut permettre des observations intéressantes sur les rapports phonie-graphie et sur les différences orthographiques des mots, surtout en fin de cycle.

Liaisons oral/écrit

- La création du texte peut se faire par petits groupes au C.E.1, selon la démarche classique : premier jet / évaluation / réécriture.
- Écriture du (des) texte(s) obtenu(s).

Mots valises

Objectif principal

Conduire l'élève à analyser le matériau phonique, à être attentif au signifié, à être réceptif à l'humour produit par les jeux de sonorités.

Durée

45 minutes environ.

Matériel supports

Poèmes inducteurs possibles :
- *La Marjolaine et la verveine*, Robert Desnos, « Chantefables et chantefleurs », Éditions Grund.
- *Le parapluie*, Paul Vincensini, « Pour un musée des amusettes », Ecole des loisirs.
- *Fable*, Joel Sadeler, « Mon premier livre de poèmes pour rire », J. Charpentreau, Éditions ouvrières. Éventuellement, en G.S., album *Grepotame*, P. Léon, Éditions Nathan.

Dispositif pédagogique

Phases 1 & 3 : collectives.
Phase 2 : collective ou par deux selon les niveaux, puis collective.

Déroulement des opérations

Phase 1 : découverte d'un poème comportant des mots valises.

À titre d'exemple, voici celui de Paul Vincensini :

Un paparapluie
Prit le train pour Paris
En compagnie d'une
Mamanrapluie
Il pleuvait beaucoup ce soir-là
Mais dans le train
Il n'y avait personne
Elle pleura un peu
Plus ils se plurent beaucoup
Au retour tout le ciel était bleu.

Les enfants s'expriment et font part de leurs remarques : *un paparapluie, ça n'existe pas ; c'est un papa-parapluie ; l'auteur a mélangé les mots...*

- Mise en évidence du principe des mots valises : des mots inventés à partir de deux mots de départ et présentant une syllabe commune qui termine un mot et commence le suivant.
- Mise en évidence que *mamanrapluie* a été fabriqué par analogie avec *paparapluie* et non selon le même principe.
- Découverte d'autres mots valises dans d'autres poèmes lus par l'enseignant et recherche des mots *sources*.

Phase 2 : recherche de mots valises à partir d'un thème inducteur (animaux, fleurs, etc.) aboutissant à la création d'animaux extraordinaires, de fleurs inconnues...

Phase 3 : création d'un petit texte poétique comportant des mots valises.
Ils sont choisis dans les productions de la phase 2. L'enseignant fixe ou non des contraintes de rimes et/ou de rythme.

Critères de réussite

- Comprendre le principe des mots valises en étant attentif au signifiant.
- Réinvestir le principe dans une activité de création.

Variantes

Les mots valises peuvent être obtenus par simple mixage de deux mots sources, sans posséder de syllabe commune, ce qui est plus simple en début de cycle (ex : *l'alourafe*, *la coccilule*...).

Liaisons oral/écrit

- La création d'un petit texte peut se faire par écrit, fin C.P./C.E.1 (par petits groupes de deux ou trois élèves).
- Le texte écrit peut donner lieu à des illustrations type collage.

Inversions

Objectif principal

Conduire l'élève à analyser le matériau phonique, à être attentif à l'humour produit par des créations verbales utilisant des inversions de lettres, syllabes...

Durée

Deux séances de 30 minutes environ.

Dispositif pédagogique

Séance 1 : phases 1 & 3 : collectives ; phase 2 : par deux.
Séance 2 : phase 1 : collective ; phase 2 : par deux puis collective.

Matériel supports

Poème : *J'ai geigné la pirafe*, Luc Bérimont, *L'Esprit d'enfance : poèmes*, Enfance heureuse, Éditions ouvrières.
Le verlan des oiseaux, Michel Besnier, Pommes pirates papillons, Motus.

Déroulement des opérations

Séance 1

Phase 1 : **audition du texte *Le verlan des oiseaux.***

choucas	goélands
cachou	lents égaux
corbeau	fou de bassan
beau corps	ouf de samba
mésange	coucou
ange mais	coucou

- Remarques sur le procédé utilisé : inversion de syllabes et recomposition de mots ; retour sur le titre pour expliquer le mot « verlan ».
- Lecture par l'enseignant d'autres textes du recueil :

Les oiseaux qui sifflent en verlan
volent à l'envers
On les prend pour des oufs »...

Phase 2 : **jeu oral** : un élève propose un mot de deux syllabes ; un autre élève propose ce mot en verlan. On réfléchit sur les effets de sens produits (mots recomposés qui existent ou non).

ex : chapeau → peaucha,
pocha. vélo → lové,
battu → tuba

Phase 3 : **création d'un petit texte** comportant des mots en verlan en adoptant une structure simple, par exemple : L'Hirondelle (M. Besnier).

« Je vole ou bien je me love
dans un nid où il fait doux. »

Séance 2

Phase 1 : **découverte du texte de Luc Bérimont et du procédé utilisé** : création de mots par inversion de phonèmes.

« J'ai geigné la pirafe
J'ai cattu la bampagne
J'ai pordu la moussière
J'ai tarcouru la perre
J'ai mourru les contagnes
J'ai esité l'Vispagne
Barcouru la Pretagne
J'ai lo mon vieux vépris
Je suis allit au lé
J'égué bien fatitais »

- Discussion autour des effets de sens produits par les inversions systématiques de lettres et de sons à partir de deux mots : incompréhension, mots qui n'existent pas (différents des mots tordus), humour...
- Matérialisation au tableau du procédé découvert

Phase 2 : **recherche de phrases ayant la même structure** (pronom sujet *je*, verbe au passé composé, groupe nominal complément) puis inversion des premières lettres du participe passé et du nom pour composer un petit texte à la manière de Luc Bérimont.

Critères de réussite

Être capable d'analyser le procédé utilisé : inversion de syllabes ou de lettres, et de le réinvestir dans des activités de création.

Variantes

La phase 2 peut donner lieu à des recherches à l'écrit par petits groupes (fin du C.P. et C.E.1).

Liaisons oral/écrit

L'écriture des textes créés peut donner lieu à des recherches graphiques, des illustrations humoristiques.

Mots tordus

Objectif principal

Conduire l'élève à analyser le matériau phonique, à être attentif au signifié, à être attentif à l'humour produit par les jeux de sonorités liés à l'utilisation de paronymes.

Durée

60 minutes environ, en deux séances, à adapter selon les niveaux.

Dispositif pédagogique

SÉANCE 1 : phases 1 & 3 : collectives ; phase 2 : par petits groupes ou individuelle, puis synthèse collective.
SÉANCE 2 : même organisation.

Matériel supports

- Album *La belle lisse poire du Prince de Motordu*, « Le Dictionnaire des mots tordus », Pef, folio benjamin, Gallimard.
- Poème *Leo et la dactylo*, *Jaffabules*, P. Coran, fleurs d'encre, livre de poche jeunesse.

Déroulement des opérations

SÉANCE 1 : (tous niveaux)

PHASE 1 : **découverte des ouvrages de Pef.** Selon les niveaux, plus ou moins d'élèves connaîtront déjà ces ouvrages.
– **Analyse du procédé utilisé par Pef** : certains mots sont remplacés par d'autres mots qui leur ressemblent ; un seul son (ou une lettre) change : château → chapeau ; boule → poule
– **Nouvelle audition permettant de lister tous les mots tordus** : étude des effets humoristiques produits par le procédé ; observation des illustrations qui sont une matérialisation des trouvailles verbales obtenues.

PHASE 2 : **recherche de mots tordus** à partir de termes inducteurs proposés par l'enseignant : chat, malle, fille...puis par les enfants eux-mêmes (en fonction des niveaux).

PHASE 3 : **création de courts textes humoristiques** à partir de quelques mots tordus retenus en adoptant éventuellement le principe des définitions utilisé dans *Le Dictionnaire des mots tordus*.

SÉANCE 2 : (C.P./C.E.1)
même démarche à partir du texte de P. Coran.

– Découverte du texte et de son enjeu, jouer avec les mots.

Une dactylo
Tape, tape, tape.
Une dactylo
Tape, tape trop.
Un des doigts dérape
Sur le mot « oiseaux ».
Il a tapé c,
N'a pas tapé o.
Ciseaux aussitôt,
S'envolent, s'affolent
Dans les mèches folles
De la dactylo
Qui, sans hésiter
En gommant le c,
A la tête sauve,
Si la dactylo,
N'eût pu taper o
Elle eût été chauve.

– Repérage de paronymes plus complexes : oiseaux, ciseaux, comparaison de l'oral : [wa] → [si] et de l'écrit o → c
– Recherche de paronymes à partir d'un mot inducteur proposé par l'enseignant (bille, mousse, voile, paille...).
– Production d'un texte humoristique à partir de deux paronymes choisis.

Critères de réussite

Être capable d'analyser le procédé utilisé (inversion de phonèmes ou de lettres) et de le réinvestir dans une activité de création.

Variantes

La séance 2 peut donner lieu à une recherche à l'écrit par groupes de deux ou trois élèves à la fin du C.P. ou au C.E.1.

Liaisons oral/écrit

Écriture des textes créés, recherche d'une illustration qui rende compte de la paronymie.

Virelangues (CP./C.E.1)

Objectif principal

Conduire l'élève à analyser le matériau phonique, à être attentif au signifié, à jouer avec les sonorités.

Durée

60 minutes environ.

Dispositif pédagogique

PHASE 1 : collective.
PHASE 2 : collective puis individuelle.
PHASE 3 : par petits groupes de trois élèves, puis individuelle.

Matériel supports

- *Dix dodus dindons*, J.-H. Malineau/Pef, Albin Michel jeunesse.
- *Oulibouniche*, Lynda Corazza, Éditions du Rouergue.

Déroulement des opérations

PHASE 1 : découverte de l'album *Oulibouniche*.

Le titre lu à haute voix par l'enseignant suscite d'abord des interrogations. On constate des effets d'incompréhension (*on ne connaît pas ce mot, c'est du français ?*), on s'interroge sur les raisons de cela, on remarque le retour de certaines sonorités ([u] [i]).
La découverte du texte de l'album (à haute voix) permet progressivement de construire le sens et d'identifier des mots (*hibou* par opposition à *pie* et à *oie*, le verbe nicher...). Les termes référant à l'espace peuvent donner lieu à des remarques (emploi comme préposition de *dedans*, *dessous*, *dessus*, considéré comme vieilli). La double page finale qui joue avec les mots (*Un oiseau qui en pince pour une chouette ne peut être que là*) et les rapports texte-image (image de pince à linge) permettent aux élèves d'exercer leurs compétences interprétatives et de verbaliser la façon dont ils appréhendent le texte.

PHASE 2 : recherche de formulettes du même type.

On peut partir de celles qui sont éventuellement connues des enfants et de l'album *Dix dodus dindons* qui en présente une multitude, par exemple :

Six mules ont bu là ?
Oui, six mules ont bu là !

Au bout du pont
La cane y couve
Auprès du pont
La poule y pond

L'enseignant présente les formulettes à haute voix. Les élèves tentent de reconstruire le sens. En cas d'échec, le recours à l'écrit permet d'identifier les mots et de comprendre le texte. On s'essaie à répéter ces formulettes le plus rapidement possible.

PHASE 3 : jeu oral.

Chaque groupe dispose de quelques minutes pour apprendre une formulette proposée par écrit par l'enseignant et pour pouvoir la présenter suffisamment vite aux autres groupes qui devront s'efforcer d'en comprendre le sens. Chaque groupe aura droit à trois essais (un par élève).

Critères de réussite

- Compréhension de l'album et des jeux sur les mots.
- Mémorisation et articulation d'une formulette type virelangue.

Variantes

- Travail possible sans le support album à partir des formulettes les plus connues.
- En parallèle, travailler les allitérations du type : *Didon dîna dit-on...*

Liaisons oral/écrit

Composer à partir de règles du jeu données par l'enseignant (forme interrogative ou non, absence ou non de déterminants, répétition de sonorités) une formulette du même type.

Synonymes (C.E.1)

Objectif principal

Conduire l'élève à analyser le matériau lexical.

Durée

45 minutes environ.

Dispositif pédagogique

Phases 1, 2 & 4 : collectives.
Phase 3 : travail par groupes.

Matériel supports

Un extrait du livre *Jouons avec les mots* d'Irène Coran, collection « Les heures bonheur », éditions Casterman, page 45.

Déroulement des opérations

Phase 1 : découverte de l'activité.
L'enseignant réunit les élèves et leur lit les phrases suivantes (extrait de *Jouons avec les mots*) :

Les enfants mangent beaucoup.
Les mômes bouffent énormément.
Les gosses boulottent copieusement.
Les petits se goinfrent à gogo.

Phase 2 : analyse du support de travail.
Les enfants réagissent à cette lecture : *on dit toujours la même chose, on change les mots, il y a des mots qu'on ne dit pas toujours, des mots que l'on ne connaît pas...*
À partir de ces remarques, l'enseignant relit les phrases et amène les enfants à prendre conscience de la structure de la phrase : trois groupes, un groupe qui indique les personnages (« les enfants »), un groupe qui indique ce qu'ils font (« mangent ») et un groupe qui indique la manière dont ils mangent « beaucoup ». Puis il est important de remarquer les changements de sens obtenus par ces permutations de groupes. Il est alors nécessaire de faire prendre conscience aux élèves des différents niveaux de langage présents. Un questionnement peut s'engager : qui peut utiliser ce mot ? En s'adressant à qui ? Dans quelles circonstances ?
On peut envisager alors un classement entre des termes neutres (enfant), familiers (petits), argotiques (mômes)...

Phase 3 : recherche de synonymes.
L'enseignant propose aux enfants une autre phrase de départ : *L'homme se déplace lentement*. Les enfants repèrent collectivement les trois groupes : *l'homme/se déplace/lentement*. L'enseignant répartit les enfants en petits groupes et leur demande de modifier la phrase en utilisant un synonyme pour chaque groupe.
(l'homme, le monsieur, l'être humain, le bonhomme, le gars, le type, la personne...)
(se déplace, va, marche, circule, voyage,...)
(doucement, à petits pas, en traînant,...)

Phase 4 : mise en commun des productions.
Chaque groupe fait part de sa proposition à la classe. Le travail sur les niveaux de langage réapparaît alors, du fait d'associations plus ou moins cohérentes. On peut écrire tous les synonymes trouvés au tableau en trois colonnes. Puis, en explicitant les choix, les élèves fabriquent des phrases synonymes contenant des termes appartenant à un même niveau.

Critères de réussite

- Être capable de faire varier une même phrase en remplaçant des mots ou des groupes de mots par des synonymes.
- Être capable de réinvestir ces acquis dans une activité de création.

Variantes

- Travailler de manière collective sur une phrase.
- Selon le niveau de la classe au sein du cycle 2, on s'approchera dans l'analyse de le phrase d'un langage plus grammatical.

Liaisons oral/écrit

Écrire les groupes de mots trouvés (sans souci d'ordre) sur une fiche en choisissant des couleurs : une pour chaque niveau de langage afin que le lecteur puisse jouer à reconstituer des phrases synonymes.

Homonymes

Objectif principal

Conduire l'élève à analyser le matériau lexical et à jouer avec les rapports signifiant/signifié.

Durée

60 minutes environ.

Dispositif pédagogique

Phases 1, 2 & 4 : collectives.
Phase 3 : travail de groupes.

Matériel supports

- Des dessins préalablement réalisés d'un certain nombre de mots homonymes : plume, pêche, glace, trombone, porc (port), mère (mer) : les deux sens sont représentés.
- Loup (carnaval), raie (poisson), moule (mollusque), seau (récipient) : un seul sens représenté.

Déroulement des opérations

Phase 1 : découverte de l'activité.
L'enseignant réunit les élèves et leur montre simultanément les deux dessins du mot plume : une plume d'oiseau et une plume pour écrire. Il procède de même manière pour les mots *pêche*, *glace*, *trombone*, *porc* (port), *mère* (mer) et il écoute les remarques spontanées des enfants. *On dit deux fois le même mot, pas avec le même sens, on entend la même chose…*
À partir de ces remarques, l'enseignant reprend les images et les mots, et met bien en évidence le double sens. Les enfants peuvent mettre ces mots dans des phrases contextes pour voir la différence. Le terme d'homonyme peut être introduit si on le désire au C.E.1.

Phase 2 : rechercher l'homonyme.
L'enseignant montre un dessin : celui d'une moule (mollusque) et demande aux enfants de voir s'il existe un ou des homonymes et de les dessiner. Il peut reprendre le travail avec d'autres mots : *loup*, *raie*, *seau*… Il peut demander aux enfants d'essayer d'en trouver d'autres.

Phase 3 : des homonymes cachés.
L'enseignant répartit les enfants en petits groupes et donne, à voix basse, un couple d'homonymes différents à chaque groupe : chant/champ, ver/verre, poêle/poêle, ferme/ferme… Chaque groupe doit inventer une devinette pour chaque sens et faire trouver aux autres le mot concerné.

Phase 4 : découvrir les homonymes.
Chaque groupe fait part de ses devinettes. Les camarades essaient de retrouver les mots cachés et valident ou non les propositions.

Critères de réussite

- Être capable de bien distinguer le lien phonique et la différence de sens entre deux mots homonymes.
- Être capable de réinvestir ces acquis dans une activité de création.

Variantes

- Partir de définitions type devinettes au lieu de se servir de dessins.
- Produire une seule devinette pour les deux sens : « C'est un récipient qui s'accroche aux rochers : “moule”. »
- Faire varier les catégories grammaticales des homonymes, surtout au C.E.1. Dans cette classe, on peut montrer la différence entre les homonymes homographes (loup, moule) et les homonymes non homographes (mer/mère).

Liaisons oral/écrit

Réaliser un album d'homonymes en mettant sur une page le mot et ses différentes illustrations.

Au pied de la lettre

Objectif principal

Conduire l'élève à analyser le matériau lexical et à jouer avec les rapports signifiant/signifié.

Durée

2 séances d'une trentaine de minutes.

Dispositif pédagogique

SÉANCE 1 : phases 1 & 3 : collectives ; phase 2 : travail de groupe.
SÉANCE 2 : phases 1 & 3 : collectives ; phase 2 : travail par groupe.

Matériel supports

Un ou plusieurs ouvrages d'Alain Le Saux, éditions Rivages :
– *Maman m'a dit que son amie Yvette était vraiment très chouette.*
– *Papa m'a dit que son meilleur ami était un homme-grenouille.*
– *Ma maîtresse a dit qu'il fallait bien posséder la langue française.*
– *Le prof m'a dit que je devais absolument repasser mes leçons, etc.*

Déroulement des opérations

SÉANCE 1

PHASE 1 : **découverte de l'activité.**
L'enseignant réunit les élèves et leur présente la couverture et les cinq ou six premières doubles pages de l'album *Maman m'a dit que son amie Yvette était vraiment très chouette*. Il lit le texte et montre l'illustration simultanément.
Les enfants réagissent à cette lecture : *C'est drôle, le dessin montre ce que l'on dit mais cela n'a pas le même sens...* À partir de ces remarques, l'enseignant reprend les pages utilisées et fait expliciter le sens des expressions, l'illustration et le lien entre les deux.

PHASE 2 : **travail à partir d'illustrations.**
L'enseignant répartit les enfants en petits groupes et leur donne deux ou trois dessins illustrant des expressions différentes. Les enfants doivent retrouver celles-ci.

PHASE 3 : **analyse des productions.**
Chaque groupe fait part de ses propositions à la classe. Les autres élèves valident ou non ces propositions.

SÉANCE 2

PHASE 1 : **travail à partir des expressions.**
L'enseignant propose aux élèves quelques expressions qu'il note au tableau : voir trente-six chandelles, être dans la lune, perdre la tête, avoir des fourmis dans les doigts,...
Il demande aux enfants d'enrichir, si possible, ce corpus de travail.

PHASE 2 : **création d'illustrations.**
L'enseignant répartit les enfants en petits groupes et leur demande de choisir en secret une ou deux expressions, puis de les illustrer.

PHASE 3 : **analyse des productions.**
Chaque groupe montre ses illustrations, les camarades devinent et font des remarques sur la pertinence de celles-ci.

Critères de réussite

– Être capable, grâce à la comparaison entre le texte et l'image, d'analyser les expressions et de faire le lien entre signifiant et signifié.
– Être capable de réinvestir ces acquis dans une activité de création.

Variantes

Travailler de la même manière à partir d'autres albums comme *Interdit/Toléré* (A. Le Saux, Rivages) *Porc de pêche et autres bêtes* (Philippe Corentin, Rivages) qui jouent aussi sur le lexique.

Liaisons oral/écrit

Choisir des expressions, les illustrer, écrire des textes de manière à réaliser un album *à la manière de*.

Autour d'un mot

Objectif principal

Conduire l'élève à analyser le matériau lexical et à jouer avec les rapports signifiant/signifié.

Durée

45 minutes environ.

Dispositif pédagogique

Phases 1, 2 & 4 : collectives.
Phase 3 : travail par groupes.

Matériel supports

Livres inducteurs possibles :
- *Les 40 coups*, Olivier Douzou, Éditions du Rouergue.
- *Petite histoire de la langue*, Desclozeaux/Pozner, Point Virgule.

Déroulement des opérations

Phase 1 : découverte du jeu autour d'un mot.
L'enseignant réunit les élèves et leur lit une vingtaine de pages de l'album *Les 40 Coups*. Il peut aussi leur dire un certain nombre d'expressions utilisant le mot « coup » : *coup de théâtre, coup de pot, coup de colère, coup de sifflet, coup de chance, coup de balai, coup de cafard, coup de frein, coup pour rien, coup de main, coup dur, coup de peigne, coup de cœur, coup de barre...*
Les enfants réagissent spontanément à cette découverte : *On entend toujours « coup », il y a toujours d'autres mots, il y a toujours un sens particulier...*
À partir de ces remarques, l'enseignant s'attache à faire définir le sens du mot *coup* employé seul et reprend quelques-unes des expressions pour les expliciter.
Collectivement, on peut rechercher d'autres expressions utilisant le mot *coup*.

Phase 2 : recherche autour d'un autre mot.
L'enseignant répartit les enfants en petits groupes et leur propose un autre mot fréquent dans de nombreuses expressions comme *langue*, *main*, *porte*...
Chaque groupe doit trouver deux ou trois expressions contenant le mot proposé.

Phase 3 : analyse des productions.
Chaque groupe fait part de ses propositions à la classe. Les autres élèves valident ou non celles-ci. On note au tableau les propositions recevables de manière à créer un répertoire. On recherche collectivement le sens de ces expressions.

Phase 4 : activité de création.
À partir du répertoire d'expressions autour d'un mot, on met en scène celles-ci. Chacun choisit une expression et essaie de la faire vivre et deviner à l'aide de gestes et d'un ton adapté.

Critères de réussite

- Être capable d'analyser la structure de l'expression et de faire le lien entre signifiant et signifié.
- Être capable de réinvestir ces acquis dans une activité de création.

Variantes

- On peut insérer ces expressions dans un texte en faisant intervenir des personnages (cf : *Petite Histoire de la langue*).
- On peut faire deviner des expressions en partant de dessins les illustrant : jouer en faisant des échanges avec une autre classe.

Liaisons oral/écrit

Écrire et illustrer des expressions autour d'un mot de manière à créer un album.

De toutes les couleurs

Objectif principal

Conduire l'élève à analyser le matériau lexical et à jouer avec les rapports signifiant/signifié.

Durée

2 séances de 30 à 40 minutes.

Dispositif pédagogique

SÉANCE 1 : phases 1 & 3 : collectives ; phase 2 : travail de groupe.
SÉANCE 2 : phases1 & 3 : collectives ; phase 2 : travail par groupes.

Matériel supports

Album inducteur possible : *De toutes les couleurs*, Rascal, Collection Pastel, L'École des loisirs. Éventuellement des illustrations réalisées par l'enseignant de certaines expressions.

Déroulement des opérations

SÉANCE 1

PHASE 1 : **découverte de l'activité.**
L'enseignant réunit les élèves et leur lit l'album *De toutes les couleurs*. À défaut, il peut proposer aux enfants, à l'oral, un corpus d'expressions autour des couleurs. Exemple : *être vert de peur, voir rouge, rire jaune, ne voir que du bleu, se mettre au vert, être rouge de honte, voir la vie en rose,...*
L'enseignant laisse les enfants réagir spontanément : *Il y a toujours des noms de couleurs, ce sont des expressions*... À partir de ces remarques, l'enseignant reprend les expressions utilisées puis les enfants cherchent la signification de l'expression qui utilise une couleur. Ils mettent en évidence le fait que les couleurs choisies ont bien un lien (plus ou moins évident) avec la situation.

PHASE 2 : **recherche d'expressions autour des couleurs.**
Collectivement, les enfants recherchent d'autres expressions faisant intervenir les couleurs. Au fur et à mesure, l'enseignant les note au tableau. Puis il répartit les enfants par petits groupes. Chaque groupe choisit une expression et doit l'illustrer.

PHASE 3 : **analyse des productions.**
Chaque groupe montre son illustration à la classe, les camarades essaient de deviner l'expression et analysent le dessin par rapport au sens de celle-ci.

SÉANCE 2

PHASE 1 : **reprise du travail à partir des expressions.**
L'enseignant a préparé une grande affiche par couleur en notant le nom de celle-ci en haut et demande aux enfants de trier les expressions déjà citées au cours de la première séance. Il les note au fur et à mesure puis propose aux enfants de découvrir de nouvelles expressions. Si les élèves ont du mal à trouver, on peut faire deviner certaines d'entre elles. Par exemple : se fâcher tout rouge, avoir le feu vert, être un cordon bleu, être bleu de froid,...

PHASE 2 : **création d'affiches par couleur.**
L'enseignant répartit les enfants en petits groupes et sélectionne pour chacun une couleur ou des expressions. Les élèves devront reprendre et illustrer ces expressions.

PHASE 3 : **mise en commun des productions.**
Chaque groupe montre ses illustrations, et associe par collage son dessin à l'expression correspondante sur la grande affiche.

Critères de réussite

Être capable d'analyser les expressions et de faire le lien entre signifiant et signifié : présence de la couleur, son choix et le lien de celle-ci avec l'expression dans laquelle elle est employée.

Variantes

Une activité théâtrale pourrait être introduite en faisant mimer certaines expressions que d'autres élèves devraient deviner.

Liaisons oral/écrit

Réaliser un album alliant illustrations et expressions choisies.

Mots en délire [C.E.1]

Objectif principal

Conduire l'élève à analyser le matériau lexical et à jouer avec les rapports signifiant/signifié.

Durée

45 minutes environ.

Dispositif pédagogique

Phases 1, 2 & 4 : collectives.
Phase 3 : travail par groupes.

Matériel supports

Livre inducteur possible : *Impossible*, Yak Rivais, collection « Neuf en poche », L'École des loisirs, chapitre : L'enfant qui se trompait de mots.

Déroulement des opérations

Phase 1 : découverte de l'activité.
L'enseignant réunit les élèves et leur présente le début de l'histoire « *L'enfant qui se trompait de mots* » jusqu'à : « *dit le médecin en faisant la grimace* ». Il peut aussi en extraire deux ou trois phrases qui vont susciter la curiosité des enfants :

Je voudrais un *sapin* de trois *romans*.
Il *sorcière* beau et les nuages sont *chaussettes*.

Les enfants réagissent à cette lecture : *C'est drôle, on ne comprend pas, il y a des mots qui ne vont pas bien dans la phrase…*

Phase 2 : analyse du procédé.
À partir de ces remarques, l'enseignant reprend les phrases curieuses et démonte avec les enfants la stratégie utilisée : il s'agit de prendre un mot ayant un homonyme (pain/pin) et de remplacer l'homonyme par un synonyme (pin/sapin).

Je voudrais un pain → un pin → un sapin
de trois livres (féminin) → livres (masculin) → romans
Il *sorcière* et les nuages sont *chaussettes*.
(fée = fait) (= bas)

Il est nécessaire de reprendre cette activité d'analyse sur plusieurs exemples.

Phase 3 : réinvestissement de l'activité.
L'enseignant répartit les enfants en petits groupes et leur donne une phrase dont des mots clairement repérés sont à remplacer en utilisant la manière découverte auparavant.

Exemples : Maman a mis le gâteau aux *amandes* dans le *moule*.
Cette phrase pourrait amener les substitutions suivantes :
Maman a mis le gâteau aux amandes → aux amendes → aux contraventions
dans le moule → dans la moule → dans le mollusque.

On peut reprendre cet exercice avec d'autres phrases :

Il y a de la *mousse* dans le *verre*.
Une *mine* est exploitée près de la *tour*.

Phase 4 : analyse des productions.
Chaque groupe fait part de ses propositions à la classe. Les autres élèves recherchent le cheminement utilisé et valident ou non les phrases proposées.

Critères de réussite

- Être capable d'analyser le procédé utilisé.
- Être capable de réinvestir ces acquis dans une activité de création.

Variantes

- Travailler de manière collective sur quelques phrases.
- Rechercher ensemble des mots homonymes, les inclure dans des phrases et les transformer selon le procédé découvert.

Liaisons oral/écrit

Écrire un petit dialogue faisant intervenir des phrases contenant des mots transformés.

Drôles d'occupations (C.P./C.E.1)

Objectif principal

Conduire l'élève à analyser le matériau syntaxique et à jouer avec les procédés découverts.

Durée

60 minutes environ.

Dispositif pédagogique

Phases 1, 2, 4 & 5 : collectives.
Phase 3 : travail de groupes.

Matériel supports

Pas de matériel particulier.

Déroulement des opérations

Phase 1 : découverte de l'activité.
L'enseignant réunit les élèves et énonce un certain nombre de phrases :
L'otarie rit, le lapin peint, le chaton tond, le hibou bout, le guépard part, le grizzli lit…
L'enseignant écoute alors les remarques spontanées des enfants :
On entend souvent la même chose, il y a des sons qui reviennent, ce que fait l'animal ressemble à son nom…
À partir de ces remarques, l'enseignant reprend les phrases et les dit doucement pour que les enfants saisissent bien le procédé : un animal fait quelque chose, souvent quelque chose d'amusant, ce qu'il fait reprend exactement la dernière syllabe de son nom : l'otarie rit. Au C.E.1, on peut utiliser les termes grammaticaux de nom et de verbe.

Phase 2 : recherche d'autres exemples en réinvestissant le procédé.
L'enseignant propose aux enfants d'autres animaux et fait deviner leurs occupations : que font les écrevisses, le coucou, le poney ?
Puis il peut proposer de retrouver l'animal qui a une occupation déterminée : Qui campe ? Qui niche ? Qui sonne ? Qui ment ? Qui tique ?…

Phase 3 : créer des phrases utilisant le procédé.
L'enseignant répartit les enfants en petits groupes et leur demande de trouver d'autres exemples. Ils devront proposer à leurs camarades l'occupation et ceux-ci devront trouver l'animal qui la fait. On peut élargir à des sujets plus variés : personnages, objets plus insolites, exemple : les pamplemousses moussent…

Phase 4 : mise en commun.
Chaque groupe fait part de ses propositions en ne disant que le verbe. Les camarades essaient de retrouver des sujets grammaticaux possibles : ceux qui sont prévus ou d'autres respectant le procédé.

Phase 5 : création poétique.
Par dictée à l'adulte ou par écriture directe au C.E.1, les enfants peuvent rassembler leurs trouvailles sous la forme d'une poésie qui pourrait s'intituler *Drôles d'occupations*.

Critères de réussite

– Être capable d'analyser le procédé utilisé.
– Être capable de réinvestir ces acquis dans une activité de création.

Variantes

Partir d'images d'animaux, d'objets afin de stimuler l'imagination des enfants.

Liaisons oral/écrit

Réaliser un album dans lequel il s'agira d'associer le personnage et son activité en utilisant le procédé.

Mots pirates

Objectif principal

Conduire l'élève à analyser le matériau lexical et à jouer avec les procédés découverts.

Durée

Séance 1 : 30 minutes environ.
Séance 2 : 45 minutes environ.

Dispositif pédagogique

SÉANCE 1 : phases 1 & 3 : collectives ; phase 2 : travail par groupes.
SÉANCE 2 : phase 1 : collective ; phase 2 : individuelle puis collective.

Matériel supports

Des listes avec des mots pirates prévus à l'avance.

Déroulement des opérations

SÉANCE 1

PHASE 1 : **découverte de la notion de mot pirate.**
L'enseignant réunit les élèves et leur donne des suites de mots :

- chat - éléphant - rhinocéros - pamplemousse - zèbre - perroquet.
- pomme - prix- pâquerette - banane - palais - plume.
- veste - pantalon - chemise - manteau - robe - chaussettes - peigne.
- soleil - pomme - or - citron - ciel - bouton d'or.

Les enfants remarquent la suite de mots et l'introduction dans les listes d'un mot qui n'a aucun rapport avec les autres d'où son nom de mot pirate. Rechercher les mots pirates et les raisons diverses selon les cas.

PHASE 2 : **création de listes avec des mots pirates.**
L'enseignant répartit les enfants par groupes et leur demande de créer une ou deux listes dans lesquelles sera glissé un mot pirate.

PHASE 3 : **mise en commun.**
Les différents groupes proposent leur liste et les camarades essaient de retrouver les mots pirates.

SÉANCE 2

PHASE 1 : **un mot pirate dans une histoire.**
L'enseignant raconte une histoire, un conte traditionnel, par exemple le *Petit Poucet*, et glisse à l'intérieur un mot pirate assez évident : barbecue ou rollers…
Certains enfants vont relever cette anomalie et s'en amuser. L'enseignant précise alors les règles du jeu. Il va s'agir pour les enfants de raconter une histoire qu'ils connaissent tous bien (le choix dépend du vécu de la classe) en introduisant un mot pirate qui leur sera donné en secret par un enseignant.

PHASE 2 : **des histoires curieuses.**
Un enfant raconte son histoire en plaçant de la manière la plus habile possible le mot pirate demandé et les autres doivent essayer de le deviner. On reprend avec d'autres enfants.

Critères de réussite

Être capable de bien garder le déroulement de l'histoire tout en camouflant astucieusement le mot pirate.

Variantes

Un élève peut choisir et donner les mots pirates. On peut cacher plusieurs mots pirates au fil de l'histoire. L'histoire pourrait être une histoire inventée.

Liaisons oral/écrit

Dicter à l'enseignant ou écrire une histoire avec des intrus et les faire découvrir à une autre classe.

Salade de proverbes (C.E.1)

Objectif principal

Conduire l'élève à analyser le matériau syntaxique et à jouer avec les procédés découverts.

Durée

2 séances : la première de 20 minutes et la seconde de 30 minutes environ.

Dispositif pédagogique

SÉANCE 1 : collective.
SÉANCE 2 : phase 1 : collective ; phases 2 et 3 : individuelle puis par échange de deux ou plusieurs élèves.

Matériel supports

Un corpus de proverbes (20 à 30) préparés par l'enseignant et accessibles aux enfants de cycle 2.

Déroulement des opérations

SÉANCE 1 : découverte de proverbes.
L'enseignant réunit les élèves et énonce des proverbes :

Après la pluie, le beau temps.
Le chat est parti, les souris dansent.
Œil pour œil, dent pour dent.
Qui s'y frotte, s'y pique.
Qui dort, dîne.
En avril, ne te découvre pas d'un fil.
En mai, fais ce qu'il te plaît, etc.

Les enfants écoutent et font des remarques : *je l'ai déjà entendu, c'est comme à la météo à la télé, ce sont des formules...*
L'enseignant donne alors le terme de proverbe et explique ce que c'est. Puis il reprend les proverbes utilisés et les enfants recherchent leur sens avec son aide. Chacun choisit un proverbe dans la liste et essaie de le retenir par cœur. Il peut être noté sur un cahier pour le revoir et les enfants sont chargés de demander un ou deux autres proverbes à leurs parents pour la séance suivante.

SÉANCE 2

PHASE 1 : **reprise et mémorisation des proverbes.**
L'enseignant reprend les proverbes connus et fait le point des nouveaux apports (s'ils sont insuffisants, il introduit lui-même de nouveaux proverbes). Chaque enfant choisit le proverbe qui lui plaît et le dit à haute voix.

PHASE 2 : **découpage des proverbes.**
Chaque enfant recherche une coupure possible dans son proverbe ; ce qui peut correspondre à une deuxième partie, à une pause :

À bon chat/bon rat.

On peut s'exercer à ne dire que la première ou la seconde partie.

PHASE 3 : **salade de proverbes.**
On joue ensuite deux à deux à mêler la première partie d'un proverbe avec la seconde partie d'un autre, ce qui va donner des phrases étranges parfois amusantes.

Après la pluie, dent pour dent.
En mai, bon rat.

Certaines associations se révèlent heureuses, d'autres moins, d'autres impossibles sur le plan de la syntaxe : au C.E.1, on peut chercher à analyser la raison de certaines impossibilités.
On peut reprendre de nombreuses mises en salade de manière collective, par petits groupes...

Critères de réussite

- Être capable de mémoriser des proverbes.
- Être capable de réinvestir des parties mémorisées dans une activité de création.

Variantes

- Travailler sur des proverbes qui commencent tous par « À la saint..., ... »
- Mettre en scène les trouvailles les plus heureuses avec des enfants en rond qui se répondent.

Liaisons oral/écrit

Réaliser un répertoire de proverbes en salade et l'illustrer.

La syllabe cachée

Objectif principal

Conduire l'élève à analyser le matériau lexical et à jouer avec les procédés découverts.

Durée

2 séances de 30 minutes environ.

Dispositif pédagogique

Pour chaque séance.
PHASES 1 & 3 : collectives.
PHASE 2 : travail par groupes.

Matériel supports

Pas de matériel particulier.

Déroulement des opérations

SÉANCE 1

PHASE 1 : **découverte de l'activité.**
L'enseignant réunit les élèves et énonce une suite de syllabes un peu incongrue :
cro, *di*, *lieu*, *gnon*, *nute*, *neur* et devant l'étonnement des enfants, donne un élément : toutes ces syllabes appartiennent à des mots différents ; pour retrouver les mots, il faut retrouver la première syllabe. Les élèves tâtonnent et finissent par retrouver la syllabe « mi ».
L'enseignant reprend alors le jeu avec une ou deux autres séries :

gaille, lais, nier, pier, pillon, querette… Syllabe : pa
mate, boggan, nnerre, xique… Syllabe : to

Les enfants formalisent alors le jeu oralement avec l'aide de l'enseignant : il s'agit de retrouver une première syllabe qui est commune à tous les mots de la série et qui a volontairement été enlevée.

PHASE 2 : **recherche de séries avec syllabe initiale cachée.**
L'enseignant répartit les enfants en groupes de deux et leur demande de trouver une autre série de mots en cachant la première syllabe. Dans la mise en commun, les camarades devront retrouver la syllabe manquante.

PHASE 3 : **mise en commun.**
Les élèves se retrouvent tous ensemble : par groupe, ils proposent leur série. Un mini concours est instauré en donnant un point à l'équipe la plus rapide à deviner. On peut retourner au travail de groupe et reprendre plusieurs fois le jeu par exemple jusqu'à ce qu'une équipe ait atteint le score de 5 points.

SÉANCE 2

PHASE 1 : **nouvelle activité.**
L'enseignant propose de nouvelles séries de mots dans lesquelles la dernière syllabe est cachée : *la*, *pa*, *sa*, *ro*, *bu*, syllabe : tin.

PHASES 2 et 3 : **reprises de la séance 1.**

Critères de réussite

- Être capable d'analyser le procédé utilisé.
- Être capable de réinvestir ces acquis dans une activité de création.

Variantes

- Venir en aide aux groupes les plus en difficulté en leur proposant de chercher ensemble des séries de mots ayant la même syllabe initiale.
- Varier la place de la syllabe cachée.

Liaisons oral/écrit

Réaliser une page sur laquelle figurent les mots incomplets d'une même série, la syllabe manquante étant écrite au dos de la page.

Mots doux

Objectif principal

Conduire l'élève à être réceptif au pouvoir d'évocation et aux connotations des mots puis à verbaliser les impressions ressenties.

Durée

60 minutes environ.

Dispositif pédagogique

PHASES 1 & 2 : collectives / individuelles / collectives.
PHASES 3 & 4 : individuelles puis collectives.

Matériel supports

– Extrait du poème d'Eluard *Il y a des mots...*, Gabriel Péri» in *Au rendez-vous allemand*, éditions de Minuit.
– Poème de Joseph-Paul Schneider : *Tu dis sable*, Les plus beaux poèmes pour les enfants, Le cherche Midi Éditeur.

Déroulement des opérations

PHASE 1 : découverte des connotations des mots (texte d'Eluard).

« Il y a des mots qui font vivre
Et ce sont des mots innocents
Le mot chaleur le mot confiance
Amour justice et liberté.
Le mot enfant et le mot gentillesse
Et certains noms de fleurs et certains noms de fruits... »

– Discussion autour du texte, explication de l'expression *des mots qui font vivre* (que l'on aime...) ; chercher pourquoi on aime ces mots.
– Chercher des mots doux, câlins et créer collectivement un petit texte respectant la même structure.

PHASE 2 : découverte de la puissance d'évocation des mots (texte de J.-P. Schneider).
Lors d'une phase de discussion collective, les enfants remarquent la structure répétitive, le retour des expressions « *tu dis* », « *et déjà* », puis constatent que chaque strophe est consacrée à un mot, à ce qu'il évoque. Ils recherchent ensuite d'autres connotations à partir des mêmes mots, en variant les perceptions (j'entends, je sens, je vois...).

Tu dis sable
et déjà
la mer est à tes pieds.

Tu dis forêt
et déjà
les arbres te tendent leurs bras
Tu dis colline
et déjà
le sentier court avec toi vers le sommet.

Tu dis nuage
et déjà
un cumulus t'offre la promesse du voyage
Tu dis poème
et déjà.
les mots volent et dansent
comme étincelles dans la cheminée.

PHASE 3 : recherche de connotations à partir de mots inducteurs
comme soleil, neige, océan...

PHASE 4 : création d'un petit texte poétique respectant la structure du poème de J.-P. Schneider.

Critères de réussite

– Être capable de verbaliser les impressions reçues, les évocations induites par certains mots inducteurs.
– Être capable de choisir afin de composer un texte poétique.

Variantes

– D'autres supports peuvent être utilisés, en fonction des niveaux (« *Pour mon papa* » de Maurice Carême, en G.S.).
– La création d'un texte poétique peut se faire par écrit, par petits groupes, au C.E.1.

Liaisons oral/écrit

Écriture des textes créés ; recherche d'une mise en page après observation des textes inducteurs, des effets de rythme...

Mots inconnus

Objectif principal

Conduire l'élève :
- à être réceptif à la musique des mots, aux connotations suggérées par les mots,
- à comprendre et produire des images poétiques.

Durée

60 minutes environ.

Dispositif pédagogique

PHASES 1 & 3 : collectives.
PHASE 2 : recherche individuelle puis collective.

Matériel supports

Poème d'Andrée Chedid : *La nébuleuse*, *Le cœur et le temps*.

Déroulement des opérations

PHASE 1 : découverte du poème *La nébuleuse*.

« La Nébuleuse
N'est pas frondeuse !
Un peu glaneuse
Un peu peureuse
A peine bêcheuse
Tout juste flâneuse
Un peu onctueuse
Un peu dormeuse
Jamais radieuse,
La Nébuleuse. »

Après lecture du texte, faite à haute voix par l'enseignant, les enfants s'expriment et font part de leurs réactions : *c'est bizarre ; on ne sait pas de qui l'on parle, on dirait une fée, il y a beaucoup de mots qui se terminent par euse...*
Une discussion s'engage sur le mot « nébuleuse » ; l'enseignant dirige le questionnement : *« Ce mot existe-t-il ? Est-ce que quelqu'un en connaît le sens ? À quoi fait-il penser dans le texte ? A-t-on besoin de connaître le sens pour aimer le texte ?*

PHASE 2 : recherche des connotations d'un mot.
L'enseignant propose des mots inducteurs supposés être non connus des élèves (mots rares) et leur demande de rêver autour des mots, de chercher à quoi leur fait penser ces mots : asphodèle, alkékenge, mahogany, gelinotte...
Un inventaire des propositions est établi pour chacun d'entre eux. On peut compléter la recherche par des mots qui riment et des mots proches phoniquement (paronymes).

PHASE 3 : création d'un petit texte poétique à partir d'un mot inducteur choisi en fonction des productions obtenues en phase 2, en respectant une structure simple (à la manière d'Andrée Chedid ou autre).

Critères de réussite

- Être capable de sentir le pouvoir de suggestion des mots et de verbaliser les impressions ressenties.
- Être capable de trouver des connotations, des rimes.

Variantes

Présenter en parallèle des poèmes en forme de recette (« *Prenez un toit de vieilles tuiles* »... De Guillevic, par exemple) et créer un texte autour d'un mot en utilisant la structure de ce type d'écrit.

Liaisons oral/écrit

Écrire le texte obtenu ; travailler la disposition spatiale, le rythme, l'utilisation de rimes...

Mots inventés (C.P./C.E.1)

Objectif principal

Conduire l'élève à analyser le matériau phonique, à être attentif aux effets produits par des jeux de sonorités, à jouer à inventer des mots dans un contexte poétique.

Durée

60 minutes environ.

Dispositif pédagogique

PHASES 1 & 3 : collectives.
PHASE 2 : individuelle puis collective.

Matériel supports

Le Grand Combat (extrait) H. Michaux, *Qui je fus*, P. Seghers, *De l'autre côté du miroir*, L. Carroll (extrait du poème : le Jabberwocky), folio junior, Gallimard.

Déroulement des opérations

PHASE 1 : découverte de textes comportant des mots inventés, analyse des effets produits.

Extrait du poème : « Le grand combat »

« Il l'emparouille et l'endosque contre terre
Il le rague et le roupète jusqu'à son drâle ;
Il le pratèle et le libucque et lui barufle
les ouillais
Il le tocarde et le marmine,
Le mange rape à ri et ripe àra.
Enfin il l'écorcobalisse. »

- Dans un premier temps les élèves s'expriment librement sur le texte, disent à quoi cela leur fait penser, font part de leurs impressions.
- Repérage des mots inventés, de leur catégorie grammaticale (verbes et noms), des procédés de création (transformation de mots existants par expansion : *emparouille*, mots choisis pour leurs sonorités dures et heurtées) des allitérations (phonème [r]).
- Comparaison avec *Le Jabberwocky* et le dialogue entre Alice et Gros coco, dans lequel sont exposés les principes de fabrication des mots inventés.

« Il était grilheure ; les slictueux toves
gyraient sur l'alloinde et vriblaient ;
Tout flivoreux allaient les borogoves ;
les verchons fourgus bourniflaient.

PHASE 2 : recherche de mots inventés à partir d'un thème inducteur.

Exemple : la rivière en crue (ou la mer en colère ou tout autre thème en rapport avec un vécu).
- Élaboration des champs lexicaux en rapport avec le thème (furieuse, tourbillonnante ; arrache, déracine, déchiquette ; courant, écume, mousse…).
- Création de mots, selon les procédés découverts en phase 1, en étant attentif aux effets produits par les sonorités dures et heurtées ([kr] [pt] : *fracrascasse, décharchine, furgitée, tourbichante, fraptuque*…

PHASE 3 : élaboration d'un petit texte utilisant les mots créés.

ex : *la mouscumrante fortieuse décharchine et débordrache de son lit…*
Elle fraptuque la falaise qui s'écroule…

Critères de réussite

- Comprendre le principe de création verbale utilisé et les effets produits.
- Proposer des mots inventés pertinents en rapport avec le thème choisi.

Variantes

La recherche de mots inventés peut se faire par groupes de deux ou trois élèves au C.E.1.

Liaisons oral/écrit

L'écriture des champs lexicaux élaborés en phase 2 facilite la création. La version définitive du texte peut donner lieu, à l'écrit, à une recherche de disposition spatiale, d'effets de rythme et/ou de rimes.

Mots secrets

Objectif principal

Conduire l'élève :
- à être réceptif aux connotations suggérées par les mots.
- à comprendre et produire des images poétiques.

Durée

60 minutes environ.

Dispositif pédagogique

PHASE 1 : collective.
PHASE 2 : par petits groupes.
PHASE 3 : un rapporteur par groupe, puis travail collectif.

Matériel supports

- *Histoires naturelles*, Jules Renard.
- Des papiers sur lesquels sont écrits des mots à deviner, ou des dessins (en fonction des niveaux).

Déroulement des opérations

PHASE 1 : présentation du jeu : les mots secrets.
L'enseignant lit quelques définitions empruntées à Jules Renard :

> « la puce : un grain de tabac à ressort »
> « le papillon : ce billet doux plié en deux cherche une adresse de fleur »
> « l'araignée : une petite main noire et poilue crispée sur des cheveux »

Après avoir remarqué que ce n'est pas la définition habituelle de l'animal, les élèves essaient d'expliquer les rapprochements entre les éléments comparés. Cette phase d'échange qui favorise la confrontation des interprétations permet de mettre en place la notion d'image poétique.
L'enseignant lit ensuite d'autres définitions en faisant chercher aux élèves l'animal ainsi décrit :

> « En voilà un qui s'étire et s'allonge comme une belle nouille » (le ver).
> « Que se passe-t-il ? neuf heures du soir et il y a encore de la lumière chez lui » (le ver luisant).

Il présente ensuite le nouveau jeu : faire deviner à d'autres un animal ou un objet en le comparant à autre chose qui lui ressemble. Il faudra trouver une petite phrase sans dire le mot.

PHASE 2 : recherche de définitions poétiques possibles.
L'enseignant tire un papier et propose à chaque groupe un terme inducteur à faire découvrir aux autres groupes : *soleil, serpent, assiette...*

PHASE 3 : échange entre les groupes, analyse des productions obtenues.
Un rapporteur de groupe vient dire aux autres la définition trouvée, les autres groupes essaient de deviner de quoi il s'agit.
On essaie d'apprécier la justesse de la comparaison et, en cas d'échec, on essaie de comprendre les difficultés rencontrées.

Critères de réussite

- Capacité à trouver des rapports pertinents entre éléments comparés, à verbaliser des relations causales.
- Capacité à trouver les indices permettant de deviner le mot.

Variantes

Le jeu peut être précédé d'un jeu de devinette plus simple, consistant à décrire l'objet sans le nommer, sans faire appel à des comparaisons, notamment en G.S.

Liaisons oral/écrit

Écrire les définitions les plus intéressantes pour les envoyer à des correspondants, une autre classe ou pour le journal de l'école, sous forme de devinette.

Images

Objectif principal

Conduire l'élève :
– à être réceptif aux connotations suggérées par les mots.
– à comprendre et produire des images poétiques.

Durée

60 minutes environ.

Dispositif pédagogique

Phases 1 & 3 : collective.
Phase 2 : individuelle puis collective.

Matériel supports

Poème de P. Gamarra : *Un enfant m'a dit*.

Déroulement des opérations

Phase 1 : découverte du texte lu par l'enseignant.

Un enfant m'a dit : le soleil
est un œuf dans la poêle bleue
Un enfant m'a dit : le soleil
est une orange dans la neige
Un enfant m'a dit : le soleil
est une pêche jaune et rouge
sur un lit de velours qui bouge
Un enfant m'a dit : le soleil
est un bijou sur une robe
Un enfant m'a dit : je voudrais
Je voudrais cueillir le soleil

P. Gamarra

– Échanges autour du poème : les élèves font part de leurs impressions, remarques. Certains seront peut-être déjà sensibles au côté insolite des images, à l'aspect répétitif du texte.

– Repérage du thème et de la structure répétitive : dans chaque strophe, il s'agit du soleil, comparé chaque fois à un élément différent ; cette vision du soleil est celle d'un enfant.

– Analyse des images : Qu'y a-t-il de commun entre le soleil et un œuf ? entre le soleil et une orange dans la neige ? Les élèves argumentent et proposent leurs interprétations qui visent à expliciter les rapports entretenus entre les deux éléments comparés.

Phase 2 : recherche d'images à partir de mots inducteurs proposés par l'enseignant (ex : lune, étoile, jonquille, galet…).

Phase 3 : création d'un texte poétique à partir d'un des mots proposés lors de la phase 2, en opérant un choix parmi toutes les propositions et en utilisant la structure du poème de Pierre Gamarra.

Critères de réussite

– Être capable de verbaliser les rapprochements perçus entre les éléments comparés, d'argumenter.
– Être capable de comparer des éléments, de produire des images.

Variantes

Comparer le poème de Pierre Gamarra avec le poème d'Alain Bosquet (*Un enfant m'a dit*). Repérer les analogies et les différences.

Liaisons oral/écrit

Écriture du texte créé ; réécriture éventuellement à partir de nouvelles contraintes (rimes, rythme…).

Tonton ton thé (1)

Objectif principal

Conduire l'élève à repérer des analogies au niveau du signifiant, à identifier des phonèmes et des syllabes puis à réinvestir les procédés découverts dans des situations de création ludique.

Durée

60 minutes environ, en une ou deux séances selon les niveaux.

Dispositif pédagogique

Phases 1 & 3 : collectives.
Phases 2 & 4 : collectives ou par petits groupes puis collectives, selon les niveaux.

Matériel supports

Album *Tonton ton thé*, Lynda Corazza, Éditions du Rouergue.

Déroulement des opérations

Phase 1 : découverte de la couverture.
Lecture du titre par l'enseignant ou par les enfants, selon les niveaux, suivie d'une discussion. L'enseignant accueille toutes les remarques (*ça veut rien dire, on comprend pas, les mots se ressemblent, on entend plusieurs fois* « ton »).
La quatrième de couverture permet d'autres hypothèses : *Le bonhomme, c'est un sachet de thé, c'est quelqu'un qui parle à son tonton…*
Éventuellement, certains enfants peuvent connaître la suite de la formulette.

Phase 2 : découverte du texte et des illustrations.
- Observation des premières pages de l'album ; identification des personnages : un enfant, son oncle présentés comme des sachets de thé, présence d'un bol.
- Lecture des pages suivantes jusqu'à la chute dans le bol.

En G.S., outre la reconnaissance visuelle immédiate de certains mots, la prise d'indices contextuels sémantiques et syntaxiques (favorisée par la structure répétitive) permettra de faire des hypothèses et de découvrir le texte.
- Anticipation de la fin de l'histoire et vérification par le recours à l'album.
- Discussion autour du livre pour en dégager l'enjeu : est-ce amusant ? pourquoi ?

Phase 3 : analyse du matériau sonore.
- Repérage de l'allitération (phonème [t] au début des mots), de syllabes identiques ou proches entraînant des difficultés de compréhension.

Avec les élèves de C.P. ou C.E.1, prise de conscience du rôle de l'écrit, en particulier des indices morpho-syntaxiques, dans la compréhension.

Phase 4 : jeu oral.
- Recherche de mots comportant un phonème commun ou une syllabe commune à partir de mots inducteurs proposés par l'enseignant :
maman → ma, mie, mou, matou, mémé, mot, mange
- Recherche d'une petite phrase amusante comportant une question : maman, m'as-tu mangé mon matou ?

Critères de réussite

- Repérer des analogies entre des formes sonores, identifier des phonèmes et des syllabes récurrents.
- Proposer des mots et des phrases respectant les consignes données.

Variantes

La découverte du texte peut être individuelle au C.P./C.E.1.
La recherche de phrases amusantes peut se faire individuellement par écrit.

Liaisons oral/écrit

- Écriture des petites phrases créées.
- Recherche d'autres formulettes dans des recueils de poésies et comptines.

Tonton ton thé (2)

Objectif principal

Conduire l'élève à utiliser des structures syntaxiques dans une activité de création ludique :
- la forme interrogative,
- la phrase à présentatif,
- la phrase déclarative.

Durée

60 minutes environ.

Dispositif pédagogique

Phase 1 : collective puis par groupes de deux.
Phase 2 : collective / groupes de deux / collective.

Matériel supports

Album *Tonton ton thé*, Lynda Corazza, Éditions du Rouergue.

Déroulement des opérations

Phase 1 : expansion de l'album à partir d'un jeu oral.

Après rappel (ou relecture) de l'album *Tonton ton thé*, recherche collective d'animaux pouvant intervenir dans l'histoire et le cri correspondant.

– **Par deux** : en respectant la structure syntaxique découverte dans l'album, un élève pose la question, un élève répond :

« Tonton, est-ce que tu aboies ? Non, c'est le chien.
Tonton, est-ce que tu bêles ? Non, c'est la chèvre… »

– **Après recherche** préalable de toutes les façons de dire quelque chose (chanter, crier, murmurer, chuchoter…), complexification de la réponse :

« Tonton, est-ce que tu rugis ?
Non, c'est le lion ; moi, je chante.
Tonton est-ce que tu pépies ?
Non, c'est l'oiseau ; moi, je murmure. »

Phase 2 : transposition de l'album à partir d'un autre personnage.

– **Choix** d'une proposition amusante élaborée lors de la séquence 1 :

« Maman, m'as-tu mangé mon matou ?
Maman, m'as-tu mangé ma mie ? »

– **Recherche** de questions en rapport avec le thème et respectant la même structure

« Maman, as-tu mangé des tomates ? de la salade ? des radis ?… »

– **Recherche** de réponses possibles qui devront être négatives :

« Non, j'ai horreur de ça, ça me rend malade, c'est bon pour le chat… »

– **Jeu de rôles** (par deux) : un élève pose la question, un autre répond. D'autres propositions apparaissent alors.

– **Création** du texte de l'album à partir des propositions des élèves, en faisant un choix et en terminant par la chute choisie au départ.

Critères de réussite

– Utiliser les formes syntaxiques proposées dans le cadre d'un jeu.
– Faire des propositions pertinentes en respectant les consignes données.

Variantes

Selon les niveaux, il est possible de commencer directement la phase 2 par un jeu de rôles.

Liaisons oral/écrit

Réalisation matérielle de l'album. Écriture du texte (recherche de calligraphies), recherche d'illustrations originales en fonction du thème retenu.

Drôles d'oiseaux (1)

Objectif principal

Conduire l'élève à découvrir les jeux de langage utilisés dans un support album, à découvrir par là même l'implicite du texte, puis à réinvestir les procédés découverts dans des activités de création.

Durée

60 minutes, en une ou deux séances selon le niveau.

Dispositif pédagogique

Phases 1 & 3 : collectives orales.
Phase 2 : productions orales individuelles.

Matériel supports

- Album *Monsieur Pivert, Monsieur Moineau*, Olivier Douzou, Éditions du Rouergue.
- Des photos de Robert Doisneau.
- Poème de J. Prévert : *Pour faire le portrait d'un oiseau*, Paroles Gallimard.

Déroulement des opérations

Phase 1 : découverte de la couverture et des premières pages de l'album.
Après lecture du texte par l'enseignant et observation des illustrations, les enfants s'expriment et font part aux autres de leurs impressions. Les remarques peuvent être diverses, porter sur le fond : *« Ce sont des oiseaux, mais aussi des messieurs, il y en a un qui a un appareil photo, l'autre un cahier… »* ou sur la forme : *« On entend souvent [o], il y a des rimes… c'est comme une poésie…) »*.

Phase 2 : jeu oral.
- Nouvelle écoute du texte permettant de valider les hypothèses émises, puis repérage du phonème [o] dans plusieurs mots du texte.
- Consigne du jeu : trouver d'autres mots pouvant être enfermés dans le cahier à carreaux, et comportant le son [o].
- Chaque enfant propose un mot, celui qui ne propose rien sort du jeu, le gagnant est le dernier qui réussit à proposer un mot nouveau.
- Comparaison des mots trouvés par les enfants avec ceux proposés par l'auteur.

Phase 3 : lecture de la suite de l'album par l'enseignant, découverte de l'implicite du texte, partage des interprétations.
Des poèmes de Jacques Prévert et des photos de Robert Doisneau sont livrés à l'observation des élèves. Selon les niveaux, l'enseignant intervient plus ou moins pour faire découvrir aux enfants ce qui est écrit. Le retour au texte permet de mettre en évidence les analogies pivert / Prévert et moineau / Doisneau à partir desquelles les interprétations des enfants peuvent se donner libre cours (*« L'auteur a joué avec les mots ; peut-être que monsieur Moineau, c'est Robert Doisneau, Jacques Prévert c'est un poète, il met les mots dans un cahier comme monsieur Pivert… »*). L'album est ainsi entièrement réexaminé à la lumière de ces nouveaux éléments.

Critères de réussite

- Proposer une interprétation du texte, faire des hypothèses.
- Proposer des mots comportant le phonème [o].

Variantes

La découverte du texte et des documents peut se faire par petits groupes en fin de C.P. ou au C.E.1.

Liaisons oral/écrit

Écrire les mots du texte comportant le phonème [o], puis ceux que l'on a proposés.

Drôles d'oiseaux (2)

Objectif principal

Conduire l'élève à jouer avec les ressources sonores du langage dans des activités de création poétique.

Durée

60 minutes environ.

Dispositif pédagogique

PHASE 1 : collective orale.
PHASE 2 : collective orale (G.S./C.P.) ou collective / petits groupes / collective (C.E.1).

Matériel supports

Album *Monsieur Pivert, Monsieur Moineau*, Olivier Douzou, Éditions du Rouergue.

Déroulement des opérations

PHASE 1 : jeu oral (travail sur les paronymes).
Après rappel de l'album découvert lors d'une séance antérieure, l'enseignant donne les consignes du jeu : à la manière de *Monsieur Pivert, Monsieur Moineau*, trouver les noms d'animaux qui ressemblent aux noms proposés par l'enseignant puis analyser les différences phoniques :

- Monsieur Chaval → ? – Monsieur Servent → ?
- Monsieur Miton → ? etc.

Même jeu en cherchant cette fois des noms d'oiseaux :

- Monsieur Monsange → ?
- M. Crebeau → ?
- Monsieur Hipou → ? etc.

PHASE 2 : création d'une petite histoire sur un drôle d'oiseau.
(Monsieur Corbeau, peintre, Monsieur Hibou musicien…)

- Relecture des passages de l'album parlant de Monsieur Pivert ou de Monsieur Moineau.
- Repérage des rimes en [o] et [age].
- Recherche collective des attributs du personnage choisi (ex : pour Monsieur Corbeau : pinceau, peinture, couleurs, tableau, toile…).
- Invention d'un petit texte poétique avec recherche de synonymes, rimes…

Exemple

« Monsieur Corbeau avec son pinceau
Prend au piège les couleurs
Dans ses tableaux
Mais les couleurs en ont assez
D'être enfermées
Elles s'envolent
Dans une farandole
Sur le toit de l'école
Bah ! dit Monsieur Corbeau
Le noir et le blanc
C'est très différent ».

Critères de réussite

- Proposer des paronymes.
- Utiliser divers jeux de sonorités pour créer un texte.

Variantes

Selon les niveaux, la recherche collective orale peut être précédée ou non d'une recherche individuelle écrite ou par petits groupes. Au C.E.1, plusieurs textes peuvent ainsi être créés.

Liaisons oral/écrit

Écriture du texte créé. Recherche d'une disposition spatiale, illustration.

Les mots s'amusent

Objectif principal

Conduire l'élève à comprendre des discours complexes usant de toutes les ressources du langage et à en produire au sein d'activités de création.

Durée

60 minutes environ.

Dispositif pédagogique

PHASES 1 & 3 : collectives.
PHASE 2 : par petits groupes puis un rapporteur par groupe ; les autres élèves des autres groupes étant alors récepteurs.

Matériel supports

Conte n° 2, E. Ionesco, E. Delessert, folio benjamin, Gallimard.

Déroulement des opérations

PHASE 1 : découverte du texte.

extrait : « Ça s'appelle un fromage ? demande Josette.
Alors on va croire que c'est du fromage.
– Non, dit papa, parce que le fromage ne s'appelle pas fromage,
il s'appelle boîte à musique.
La boîte à musique s'appelle tapis.
Le tapis s'appelle la lampe.
Le plafond s'appelle le parquet.
Le parquet s'appelle le plafond.
Le mur s'appelle la porte. »

L'enseignant lit le texte intégral à haute voix puis demande aux élèves ce qu'ils en pensent ; ceux-ci essaient alors de verbaliser leurs impressions. (*C'est un peu bizarre ; l'auteur remplace les vrais mots par d'autres mots, c'est amusant, tout est à l'envers, c'est n'importe quoi !...*)
Par un questionnement oral, l'enseignant amène ensuite les élèves à analyser l'effet produit par cette utilisation inhabituelle du langage (*Pourquoi le texte est-il bizarre ?, amusant ?*) afin de mettre en relief le jeu avec les mots, le pouvoir avec le langage, les effets de sens créés, allant parfois jusqu'au « *nonsense* » : « *Jacqueline, tu sais, les images c'est pas des images, les images c'est des images.* »
On s'interroge sur la dernière phrase du texte : « *Maman, tu as ouvert le mur* » (littéralement : ouvert la porte), sur l'aspect symbolique (ouverture au monde ; mais aussi à l'imaginaire...)

PHASE 2 : jeu oral.

Imaginer la langue parlée dans « un monde fou, fou, fou » où les mots ont un autre sens et raconter une petite histoire à l'aide de ce nouveau langage. Chaque histoire doit comporter cinq mots n'ayant pas leur sens habituel.
Les autres doivent découvrir les mots remplacés.

PHASE 3 : analyse des difficultés rencontrées, en particulier pour utiliser un mot dans un sens qui n'est pas habituel.

Critères de réussite

- Capacité à réagir face à un texte déroutant, à verbaliser ses impressions.
- Capacité à jouer avec le langage, en respectant les consignes données.

Variantes

- La longueur de l'histoire et le nombre de mots imposés peuvent varier en fonction des niveaux (le support écrit facilitant la mémorisation). On peut commencer par trois mots en G.S., par exemple.
- On peut partir d'une histoire connue, dans un premier temps, pour s'exercer aux transpositions demandées.

Liaisons oral/écrit

Écriture d'une histoire qui joue avec le langage, à la manière de Ionesco.

Les projets

Définition

Définition

Définition

Définition

Construction d'un produit qui est réalisé à la suite d'apprentissages divers dans différentes disciplines sur une durée déterminée.

Les élèves et leur enseignant décident de réaliser une fresque murale pour l'école. D'abord, ils analysent la situation de départ (besoins, obstacles, objectifs, carences et ressources...). Puis, ils négocient une première ébauche du projet (définition du produit terminal, tâches successives, règles de vie, disciplines concernées...). Ensuite, ils planifient leur travail (déroulement des opérations, date à respecter...). Enfin, ils se dotent d'un outil d'évaluation qui sert tout au long du projet, avant et après la production terminale.

À la découverte du sentier

Niveau proposé

C.P. / C.E.1

Durée

La moitié d'une année scolaire à raison de trois ou quatre séances par mois ; cette durée n'est qu'indicative : elle peut varier selon la richesse botanique du lieu choisi et le degré de précision souhaité pour l'étiquetage.

Dispositif pédagogique

PHASES 1, 2, 3 & 7 : collectives.
PHASES 4, 5, 6, 8 & 9 : travaux par groupes.
PHASE 10 : collective et groupes.

Matériel supports

Après repérage du lieu, une négociation préalable est nécessaire entre l'enseignant et le propriétaire du site concerné.
– Des livres documentaires sur la flore et les arbres recueillis auprès de la BCD, de la bibliothèque municipale, des parents. L'enseignant doit veiller à la difficulté de lecture et à la variété des présentations.
– Des catalogues de plantes provenant de jardineries.

Déroulement des opérations

PHASE 1 : L'enseignant et les élèves négocient le projet. Il s'agit pour la classe de repérer et d'étiqueter les plantes et les arbres d'un sentier dans les environs immédiats de l'école afin de faciliter la reconnaissance des végétaux par les promeneurs.

PHASE 2 : L'enseignant et les élèves se rendent sur le site pour une visite-découverte au cours de laquelle les enfants repéreront le plan des lieux, des éléments significatifs (un gros arbre, une plante aux feuilles toutes rondes,...) éventuellement un ou deux végétaux déjà connus. Au cours de la sortie, les enfants prennent des notes, font des croquis...

PHASE 3 : En classe, les enfants se remémorent la sortie avec l'enseignant et reprennent leurs traces écrites. La tâche est reformulée et une prise de conscience s'effectue sur l'aide nécessaire de personnes spécialistes de botanique.

PHASE 4 : Une production épistolaire a lieu pour entrer en contact avec un botaniste dans une jardinerie, un professeur de SVT, le responsable municipal des espaces verts... des personnes pouvant apporter une aide technique spécialisée.

PHASE 5 : Les élèves retournent sur le terrain avec les spécialistes et travaillent par groupes sur le site divisé en plusieurs parties pour la reconnaissance des végétaux. Une prise de notes et le ramassage de feuilles et de fleurs permettront l'exploitation en classe.

PHASE 6 : En classe, par groupes, les enfants reprennent les indications et complètent les informations par des recherches sur les ouvrages documentaires.

PHASE 7 : Après étude d'un corpus de fiches descriptives, les enfants déterminent la forme à donner aux panneaux-étiquettes : taille, contenu (nom commun, nom latin, famille, type, origine,...) et prennent contact avec les services techniques municipaux, un établissement d'enseignement professionnel... pour la réalisation technique des panneaux.

PHASE 8 : Les élèves réalisent la maquette papier de chaque panneau selon la grille déterminée en commun puis l'adressent au service chargé de la réalisation matérielle.

PHASE 9 : Les enfants, en présence des intervenants extérieurs, mettent en place la signalétique ainsi réalisée.

PHASE 10 : Les enfants organisent une « inauguration officielle » à laquelle sont conviés parents et partenaires et où ils exposent leurs réalisations et font visiter les lieux.

Variantes

Tout autre espace peut servir de support à ce type de travail : parc public, jardin, bord d'un étang... Le degré de précision de l'étiquetage peut varier selon les classes.

Liaisons oral/écrit

– Lettres pour exposer le projet aux intervenants extérieurs.
– Invitations aux parents, aux officiels pour l'inauguration du sentier.
– Fiches descriptives pour étiquetage des plantes.

Fabriquer un objet technologique

Niveau proposé

Tous niveaux.

Durée

Indéterminée, en fonction de l'importance du projet.

Dispositif pédagogique

Phases 1, 4, 5, 6 & 7 : travaux par groupes.
Phases 2, 3 & 8 : collectives.

Matériel supports

Des objets technologiques simples à démonter, des fiches techniques permettant la réalisation de petits objets (livres, fichiers, presse enfantine, ...), les matériaux nécessaires à la réalisation des objets choisis par les groupes.

Déroulement des opérations

Phase 1 : L'enseignant propose aux élèves un certain nombre d'objets technologiques simples. Les élèves, par groupes, découvrent et manipulent ces objets : moulin à poivre, essoreuse à salade, jeu électrique de questions/réponses... en essayant de mettre en évidence les principes de fonctionnement de chacun d'entre eux.

Phase 2 : L'enseignant et les élèves négocient le projet. Il s'agit de concevoir et de réaliser un objet technologique répondant à des contraintes fixées par un cahier des charges, une exposition étant prévue, en fin d'année, pour la présentation des réalisations. L'enseignant présente les données essentielles, par exemple, un objet utilisant obligatoirement un circuit électrique.

Phase 3 : Les enfants recherchent autour d'eux, en sollicitant leurs parents, des artisans, des objets existants répondant à la demande. Ils peuvent aussi consulter des fichiers, des livres faisant état de petites constructions. Un inventaire est fait de possibilités diverses.

Phase 4 : Répartis en petits groupes et avec l'aide de l'enseignant, les élèves déterminent l'objet qu'ils vont réaliser, en font de premiers schémas et listent les matériaux qui seront nécessaires.

Phase 5 : Les élèves réalisent leurs objets en ayant recours à l'aide d'adultes extérieurs : parents, services techniques, artisans, pour résoudre des problèmes spécifiques ou réaliser des tâches délicates ou plus dangereuses.

Phase 6 : En classe, par groupes, les enfants préparent l'exposition. Il s'agit de prévoir une présentation de l'objet lui-même sous forme d'un petit exposé incluant la finalité, les étapes de construction, le principe de fonctionnement de cet objet.

Phase 7 : Le jour de l'exposition, les élèves exposent aux adultes (parents, autres enseignants, représentants de la municipalité) et aux élèves d'autres classes leur présentation et l'objet réalisé. Si cela est possible, ces prestations peuvent être filmées.

Phase 8 : Les élèves reprennent les différentes présentations (souvenirs ou enregistrement) et font une analyse critique des différentes prestations.

Variantes

Les contraintes spécifiques aux objets peuvent être diverses.
Un concours peut être organisé entre les différentes productions.

Liaisons oral/écrit

- Lettres pour exposer le projet aux intervenants extérieurs et solliciter une aide.
- Invitations aux parents, aux officiels pour l'exposition.
- Travail sur le texte explicatif.
- Réalisation de la fiche technique de l'objet choisi.

Des livres à la radio

Niveau proposé

Tous niveaux.

Durée

Indéterminée selon l'ampleur souhaitée du projet.

Dispositif pédagogique

Phases 1, 2, 3, 7, 8 & 9 : collectives.
Phases 4, 5 & 6 : travaux de groupes.

Matériel supports

- Des livres : albums, petits romans, documentaires qui seront lus au cours de l'année et qui serviront de supports à l'émission.
- Un magnétophone avec un micro, cassettes, disques.

Déroulement des opérations

Phase 1 : L'enseignant et les élèves écoutent une émission de radio (si possible à destination du jeune public) diffusée par une radio locale. Cette écoute donne lieu à des remarques orales et collectives et permet de faire le point sur la représentation qu'ont les enfants d'une station de radio, de la réalisation d'une émission.

Phase 2 : L'enseignant et les élèves se rendent à la station de radio locale pour une visite lors d'une émission en direct. Cette découverte inclut la visite des locaux, la découverte des aspects techniques et un entretien avec les techniciens et les animateurs. En fin de visite, les enfants, hors antenne, s'assoient dans le studio et se présentent au micro.

Phase 3 : La classe revient oralement sur la visite de la station de radio puis les enfants et l'enseignant négocient le projet : réaliser une émission de radio (durée variable). Le thème retenu pour l'émission est les livres : albums, petits romans, documentaires, un corpus d'une dizaine d'ouvrages qui circulent dans la classe. L'enseignant présente aux élèves le matériel technique mis à disposition : magnétophone.

Phase 4 : Les élèves font l'inventaire des phases possibles de l'émission : présentation d'ouvrages sous forme d'exposé, débat autour d'un livre, un livre raconté, interview d'un auteur, d'un éditeur,... Des groupes de travail sont constitués autour des activités retenues.

Phase 5 : Les élèves travaillent par groupes à la réalisation de leur partie d'émission sur les contenus et aussi sur les aspects techniques : des intervenants de la radio locale viennent en classe régulièrement.

Phase 6 : La classe écoute, sélectionne des morceaux de musique, des jingles qui seront intégrés à l'émission. Les élèves s'entraînent au magnétophone à présenter une musique, un livre. L'écoute des enregistrements met en évidence les problèmes de voix, de blancs...

Phase 7 : En classe, les différentes parties de l'émission sont reprises et mises en ordre en intercalant musiques et jingles. Les prises de parole sont clairement attribuées : il ne s'agit en aucun cas d'une répétition générale mais d'une mise en forme du canevas précis de l'émission.

Phase 8 : À la station de radio locale, les élèves réalisent l'émission en direct avec l'aide technique des personnels de la radio.

Phase 9 : Les enfants écoutent un enregistrement de leur émission et analysent leur travail tant du point de vue des contenus que de la forme de l'émission.

Variantes

La durée de l'émission peut être variable selon le niveau : selon les conditions locales, il peut aussi s'agir de plusieurs petites interventions. Le thème abordé au cours de l'émission peut être tout autre à condition qu'il soit assez riche pour faire intervenir plusieurs types d'oraux.

Liaisons oral/écrit

- Préparation à l'écrit d'exposés, d'interviews...
- Entraînement à la lecture orale.
- Reprise d'éléments destinés à l'émission dans le journal de classe.

Une fresque pour l'école

Niveau proposé

Tous niveaux.

Durée

Indéterminée, selon l'ampleur du projet. Une année scolaire semble cependant souhaitable.

Dispositif pédagogique

PHASES 1, 2, 3, 4 & 5 : collectives.
PHASES 6 & 7 : collectives ou par groupes avec les spécialistes.
PHASE 8 : collaboration avec tous les participants.

Matériel supports

- Documents artistiques multiples.
- Matériels de l'école et des spécialistes.

Déroulement des opérations

PHASE 1 : L'enseignant et les élèves ont négocié le projet portant sur la réalisation d'une fresque murale dans l'entrée de l'école. Pour cela, ils ont décidé à la fois de concevoir le sujet de la réalisation, de réaliser le produit mais aussi de rencontrer toutes les personnes concernées par le projet.

PHASE 2 : Les élèves, accompagnés de l'enseignant, visitent des expositions, consultent des documents artistiques (livres d'art, vidéo…) découvrent des techniques picturales, des techniques d'agrandissement.

PHASE 3 : Enseignant et enfants notent les productions qu'ils peuvent réaliser seuls et celles qui ne pourront être réalisées qu'avec l'aide de spécialistes (exemple : agent technique pour les fixations de la fresque au mur).

PHASE 4 : Rencontre avec les spécialistes.
Les enfants rencontrent les agents techniques de l'école et aussi les personnes compétentes pour choisir les matériaux : supports, outils, peintures… (éventuellement, visite d'un magasin de peintures).

PHASE 5 : Munis des renseignements obtenus lors de la phase précédente, les enfants négocient à nouveau leur projet, définissent le coût (aide de l'enseignant indispensable) et rencontrent un représentant de la municipalité pour les autorisations nécessaires (droit de peindre ou d'afficher sur les murs) ainsi qu'une éventuelle demande d'aide financière.

PHASE 6 : Travail des élèves pour concevoir le sujet de la fresque, les couleurs et les dimensions. Réalisation d'une maquette prévisionnelle.

PHASE 7 : Réalisation de la fresque en grandeur réelle avec le concours des spécialistes prévus.

PHASE 8 : Inauguration de la fresque et réception des parents et des personnalités (spécialistes, municipalité…).

Liaisons oral/écrit

- Écriture du cahier des charges pour négocier le projet.
- Écriture de fiches techniques : techniques picturales, modes d'emploi, théories de couleurs.
- Écriture de lettres aux personnes concernées par le projet (invitations et lettres de demande).

L'eau en poésie

Niveau proposé

Tous niveaux.

Durée

Indéterminée, selon l'ampleur du projet.

Dispositif pédagogique

PHASES 1, 2 & 3 : collectives.
PHASE 4 : organisation variable selon les niveaux.
PHASES 5, 6 & 7 : échanges collectifs avec des spécialistes.
PHASES 8 & 9 : collaboration avec tous les participants.

Matériel supports

- Textes poétiques d'auteurs sur le thème de l'eau.
- Albums illustrés sur le thème de l'eau.
- Posters, photographies, tableaux sur le thème.

Déroulement des opérations

PHASE 1 : L'enseignant et les élèves ont négocié le projet portant sur la création de textes poétiques sur le thème de l'eau en vue de la production d'un montage poétique à présenter aux parents.

PHASE 2 : Lecture de textes sur le thème (contes, albums, poésies).
L'observation du champ lexical de l'eau permet de constituer une « boîte-réserve » de mots dans laquelle on puisera pour écrire.
Mémorisation de certains poèmes.

PHASE 3 : Rencontres et échanges avec les autres élèves de l'école qui travaillent sur le même projet.
L'échange des poèmes ou albums permet l'agrandissement de la « boîte-réserve » de mots ou expressions ayant un rapport avec le thème.

PHASE 4 : Écriture de textes poétiques.
À partir de textes inducteurs, de structures à imiter ou de situations inductrices diverses (posters, photographies, tableaux...).
Cette phase peut durer plusieurs semaines.

PHASE 5 : Rencontre avec des spécialistes ou des collaborateurs.

Exemples :
- le musicien qui aidera à la sonorisation du montage.
- recherche d'instruments, de sonorités, de rythmes, d'œuvres (possibilité de travailler avec le conseiller pédagogique en éducation musicale).
- Travail avec des élèves de cycle 3 qui sonoriseront le montage.

PHASE 6 : Recherche d'images pour accompagner les textes ; rencontre avec le conseiller artistique ou un spécialiste en photographie ; fabrication de diapositives.

PHASE 7 : Dernière amélioration des textes et des illustrations ; échange avec les autres classes pour évaluer les productions.

PHASE 8 : Réalisation du montage.
Association son/image, choix d'une mise en scène, travail de la diction (la présence d'un comédien peut à ce stade être très enrichissante).

PHASE 9 : Réception des parents, personnalités et membres de l'école pour la présentation du montage.

Liaisons oral/écrit

- Au C.E.1, écriture individuelle de textes poétiques lors de la phase 4 ou suite aux poèmes créés collectivement.
- Rédaction d'invitations pour les parents, de lettres de demande pour obtenir la collaboration des spécialistes.

Annexes

Bilans et grille d'évaluation

Les fiches bilan portent sur les types d'oraux étudiés au cours du cycle et permettent de faire le point individuellement sur certaines compétences de base. Elles sont à utiliser en fin de cycle, lorsque les élèves ont acquis par ailleurs des compétences en lecture et en production d'écrits. Ces fiches sont photocopiables et comportent quatre exercices.

• **Les exercices 1 et 2** permettent de vérifier si l'élève sait reconnaître un type d'oral parmi d'autres à partir de leurs transcriptions graphiques (compétence textuelle).

• **L'exercice 3** permet de vérifier si l'élève sait adapter son langage à l'interlocuteur. Sa réalisation implique par ailleurs une bonne maîtrise du code écrit (compétences communicationnelle et linguistique).

• **L'exercice 4** est le plus difficile. Il permet de vérifier si l'élève sait faire la distinction entre le code oral et le code écrit. Sa réalisation implique également une bonne maîtrise des contraintes propres à l'écrit (compétence linguistique).

Destinée à l'enseignant, **la grille générale d'évaluation** permet d'évaluer des compétences communicationnelles qu'il est impossible d'évaluer par écrit (rester calme, écouter l'autre, parler fort...) mais aussi des compétences textuelles. Elle peut être utilisée, partiellement, en cours de cycle, lors de l'étude d'un type d'oral, à partir des prestations orales des élèves.

Elle constitue également, en fin de cycle, un bilan général sur tous les types d'oraux étudiés. Il est en effet très important que tout élève ait pu produire au moins une fois, au cours du cycle, les cinq types d'oraux.

Elle permet, d'autre part, de faire le lien entre les différents enseignants du cycle, en pointant ce qui a été travaillé, ce qui est acquis ou non acquis.

NOM : . . . . **DATE :** . . . .

1. Coche (x) la case du texte qui correspond à un dialogue.

Un matin, Akavak sortit de son igloo, prit son harpon, son arc et ses flèches et s'en alla loin sur la mer, dans son kayak. Comme tous les Inuits, il chassait le phoque pour nourrir sa famille. Il pagayait en sifflotant, respirant l'air vif, quand soudain un énorme cachalot se dressa devant lui…

☐

Madame, Monsieur, bonsoir… La douceur s'en va, et c'est la neige qui va arriver bientôt. Regardez sur la carte cette masse d'air froid qui nous vient du pôle et qui va envahir tout le pays très rapidement.Et là, voyez la perturbation qui nous vient par l'ouest. Tout ça va nous donner dès la nuit prochaine une baisse du thermomètre et des précipitations sous forme de neige, en montagne principalement… mais aussi en plaine où l'on pourra voir quelques flocons…

☐

Laura : Chic, il neige, on va pouvoir en profiter mercredi.
Clara : Moi, j'adore ça, la neige… Tu iras faire du ski ?
Laura : Oh non ! mes parents travaillent. Mais dans le pré en pente à côté de chez moi, ça glisse, c'est super, tu peux venir si tu veux.
Clara : OK en attendant, vivement la récré !
Laura : Pour faire une bataille de boules contre les garçons !

☐

2. Entoure la phrase qui te permet de justifier ton choix.

• Quelqu'un raconte une histoire dont le héros est un Esquimau.

• Deux enfants discutent des plaisirs de la neige.

• Quelqu'un explique la météo aux téléspectateurs.

3. Lis ce que dit Julien à son ami Denis à propos de la classe de neige à laquelle il a participé.

• Si Julien parlait à un adulte qu'il ne connaît pas, écris ce qu'il pourrait lui dire.

....

....

....

4. Transforme ce dialogue oral entre deux amies au lendemain de Noël en un dialogue écrit, en respectant les règles de l'écrit.

Justine : Moi, j'ai eu ça et puis la Barbie et puis Ken médecin.
Sophie : Bof, moi, j'aime pas les Barbies.
Justine : Et puis un jeu, tu vois, là, « Qui est-ce ? »
Sophie : Ah oui ! Il faut deviner les bonhommes.
Justine : Oui, et y'a des femmes aussi.
Sophie : On joue, tu veux ?

....

....

....

....

....

....

NOM : .... **DATE :** ....

1. Coche (x) la case du texte qui correspond à une interview.

Bobo souleva un coin du rideau rouge qui séparait la piste des coulisses. La salle était presque vide. Seuls quelques enfants accompagnés de leurs parents attendaient en silence le début du spectacle. Il se sentit soudain bien triste et se mit à songer à ces soirées radieuses, autrefois, lorsque la salle pleine à craquer résonnait de rires clairs avant que les clowns n'entrent en piste…

☐

Un élève : Bonjour Bobo, merci de nous accueillir dans votre loge et d'avoir accepté de répondre à nos questions pour nous permettre de mieux connaître la vie du cirque.
Bobo : Bonjour les enfants, c'est avec plaisir.
Un élève : Pourquoi avez-vous choisi ce métier de clown ?
Bobo : Je suis tombé dans la marmite, à la naissance, comme Obélix ! Ma mère était trapéziste, mon père dresseur de chevaux… Je n'ai jamais pensé faire autre chose que du cirque. Faire rire les enfants, c'est un beau métier, non ?

☐

Antoine : Moi, ça me plairait de travailler dans un cirque. Tiens, par exemple, je pourrais dresser les animaux.
Adrien : Dompter les fauves, sans doute
Antoine : Eh pourquoi pas ? Oui, parfaitement, c'est autre chose que de rester enfermé dans un bureau toute la journée à tapoter un clavier !
Adrien : Bien sûr, mais la vie du cirque, tu y as songé ? Toujours en déplacement, vivre en caravane…
Antoine : D'accord, il faut aimer bouger, mais…

☐

2. Entoure la phrase qui te permet de justifier ton choix.

- Quelqu'un raconte une histoire qui se passe dans un cirque.
- Quelqu'un essaie de convaincre la personne avec qui il parle que la vie dans un cirque doit être passionnante.
- Quelqu'un pose des questions à un clown pour mieux connaître la vie d'un artiste du cirque.

3. Lis la question posée par Julien à un enfant de son âge vivant dans un cirque.

• Si Julien interviewait le directeur du cirque, écris ce qu'il pourrait lui dire.

....

....

....

4. Pierre essaie d'allumer un transistor et n'y arrive pas. Il demande à un vendeur de l'aider. Transforme cette interview orale en interview écrite, en respectant les règles de l'écrit.

Pierre : Euh ! Comment ça marche, ce bidule ?
Le vendeur : Tu fais comme ça, regarde !
Pierre : J'appuie là, c'est ça.
Le vendeur : Oui, sur le bouton « on ».
Pierre : ah ! OK, ça marche, merci m'sieur.

....

....

....

....

....

....

....

NOM : .... DATE : ....

1. Coche (x) la case du texte qui correspond à un récit oral.

L'ours blanc vit dans les régions arctiques. Grâce à son épaisse fourrure qui le protège du froid, il peut nager dans l'eau glacée, marcher sur la banquise ou sur la terre ferme. Il se nourrit principalement de phoques l'hiver mais aussi de rongeurs, d'œufs ou de végétaux pendant l'été.

☐

En ce temps-là, voyez-vous, l'ours n'avait pas cette magnifique fourrure, d'un blanc immaculé, que nous pouvons voir aujourd'hui. Sa peau brune, dépourvue de poils (ah, c'est dur à imaginer !), ne lui permettait pas de nager dans l'eau glacée et d'affronter en toute quiétude la neige et le froid. Un jour, à l'approche de l'hiver, il se dit : « Ah ! Si seulement Kata, le dieu qui vit dans la montagne de glace, pouvait me venir en aide ! »

☐

Sophie : Moi, ma peluche préférée, c'est mon nounours !
Charlotte : Eh ben, moi, c'est Didi, ma petite guenon.
Sophie : Une guenon, c'est pas beau, je trouve que les ours, c'est plus mignon.
Charlotte : Mais tout le monde a des ours… Moi je préfère les peluches que tout le monde n'a pas : regarde, j'ai le hamster, le coati et même le boa !
Sophie : Un boa pour dormir dans mon lit, ah non alors !

☐

2. Entoure la phrase qui te permet de justifier ton choix.

- Quelqu'un apporte des informations sur l'ours blanc.
- Quelqu'un raconte une histoire inventée dont le personnage principal est l'ours.
- Deux enfants parlent de leurs peluches en donnant leur point de vue.

3. Lis ce début d'un récit fait par un conteur à des élèves de l'école maternelle.

• Si ce conteur racontait cette histoire aux élèves du CM2, écris comment il pourrait commencer son récit.

....

....

....

4. Transforme ce récit oral en récit écrit, en respectant les règles de l'écrit.

Ben voilà. Un jour, j'étais sur une plage en Espagne avec mes parents, je me baignais et tout à coup, devinez quoi, j'aperçois devant moi deux énormes cornes, si, je vous dis, et une énorme tête de taureau ; si, si... Vous pouvez me croire. Je me mets à hurler, ma mère horrifiée voit l'animal et me crie : « Sors vite ! » Ni une, ni deux, je sors de l'eau à toute vitesse, je cours tout mouillé vers la voiture et mes parents courent aussi. Ouf, sauvés ! Eh ben, je vous le donne en mille, c'était un taureau échappé de l'arène... Incroyable !

....

....

....

....

....

....

....

NOM : .... DATE : ....

1. Coche (x) la case du texte qui correspond à un exposé.

Pierre : Monsieur le maire, pouvez-vous m'expliquer pourquoi vous avez fait installer ces conteneurs en différents endroits de la commune ?
Le maire : Il est important de trier les ordures ménagères pour pouvoir recycler certaines d'entre elles plus facilement. Ainsi on peut récupérer le verre, le métal, le plastique, et enfin les papiers et journaux. Chaque catégorie recevra un traitement particulier.
Pierre : Et les autres ordures ?
Le maire : Elles sont ramassées comme d'habitude dans des sacs en plastique que nous avons distribués à tous les habitants. ☐

Mesdames, Messieurs, aujourd'hui, la plupart de nos emballages ménagers ne se jettent plus ! Nous avons mis à votre disposition, sur le territoire de la commune, en trois lieux, des conteneurs afin de pouvoir récupérer le verre, les bouteilles plastiques et emballages métalliques, les papiers et cartons, qui iront dans différentes filières de recyclage. Bien sûr, cette collecte repose sur la volonté de chacun d'entre vous et demande un petit effort. Mais si vous ne pouvez pas vous déplacer, confiez vos vieux emballages recyclables à un voisin, un ami ou un membre de votre famille qui pourra le faire à votre place. ☐

Antoine : Transporter tous ces emballages, chaque semaine, pour les vider dans ces conteneurs, quelle corvée !
Adrien : Mais c'est indispensable… Tu imagines tous ces déchets accumulés, à la longue, si l'on ne fait rien !
Antoine : Il n'y en a pas près de chez moi et ce n'est pas avec mon scooter que je vais trimbaler tout ça !
Adrien : Écoute, c'est pas très compliqué de demander à quelqu'un de t'aider. Si ça te pose vraiment un problème, je m'en occupe. ☐

2. Entoure la phrase qui te permet de justifier ton choix.

- Quelqu'un explique pourquoi des conteneurs ont été installés dans la commune.
- Quelqu'un interroge le maire de la commune au sujet des conteneurs.
- Deux personnes donnent leur point de vue sur les conteneurs.

3. Lis les explications données par Julie à son amie Lola pour mettre en marche un robot ménager.

• Julie explique à un adulte comment faire marcher le robot. Écris ce qu'elle peut lui dire.

4. Transforme cet exposé oral en exposé écrit, en respectant les règles de l'écrit.

Vous savez ce qu'est un coati ? Non ! Ah ! Ah ! J'en étais sûr… Eh bien, vous n'avez qu'à imaginer un petit animal, au corps allongé, genre belette voyez, mais en plus gros, avec un museau terminé par un groin. Oui, oui, comme un cochon ! Ça vous étonne, hein ! Il vit dans un pays que vous connaissez, j'en suis sûr : le Brésil.

NOM : .... **DATE :** ....

1. Coche (x) la case du texte qui correspond à un débat.

C'est une histoire de loup, mais celle-ci, rassurez-vous, ne vous fera pas peur. Car Miloup (c'est le nom de notre héros, et rien à voir avec le chien de Tintin) va se trouver mêlé à des aventures plutôt cocasses, comme vous allez le voir. Un jour, donc, Miloup s'approcha d'une petite maison et, regardant par la fenêtre, vit une chose incroyable...

☐

Le loup gris est un animal endurant, capable de parcourir plusieurs dizaines de kilomètres en une journée, en particulier lorsqu'il est à la poursuite de gibier. Ce carnivore est aussi un gros mangeur : il peut dévorer un renne à lui tout seul et absorber en une fois l'équivalent du cinquième de son poids !

☐

Antoine : Quelle bêtise d'avoir réintroduit des loups dans le parc du Mercantour !
Adrien : C'est pourtant un moyen de protéger l'espèce.
Antoine : Oui, mais songe à ces pauvres brebis égorgées par centaines... Je comprends que les bergers soient mécontents !
Adrien : C'est vrai, il faudrait bien trouver une solution pour éviter ça.

☐

2. Entoure la phrase qui te permet de justifier ton choix.

- Quelqu'un raconte les aventures d'un personnage qui s'appelle Miloup.
- Deux personnes parlent de la sauvegarde des loups en donnant leur point de vue.
- Quelqu'un donne des informations sur le loup.

3. Lis ce que dit Julie pour convaincre son amie Méryl d'aller voir un film.

• Si Julie voulait convaincre l'enseignant de sa classe d'aller voir ce film, écris ce qu'elle pourrait lui dire.

....

....

....

4. Transforme ce débat oral en débat écrit, en respectant les règles de l'écrit.

Émilie : Ah ! l'horreur, dans ta chambre !
Bob : Quoi, l'horreur… T'entends, ma Didi, elle te traite d'horreur, cette vilaine fille !
Émilie : T'es dingue ou quoi, c'est dégoûtant cette bestiole !
Bob : Mais non, c'est très propre une souris blanche, hein, ma Didi, viens par ici que je te caresse. Suffit de la mettre dans une cage…
Émilie : Et d'enlever les crottes tous les matins, oui, merci.

....

....

....

....

....

....

....

....

Type d'oral	COMPÉTENCES	G.S.			C.P.			C.E.1		
		VU	ACQUIS	NON ACQUIS	VU	ACQUIS	NON ACQUIS	VU	ACQUIS	NON ACQUIS
Dialogue	Utiliser des échanges langagiers pour réaliser une tâche ou résoudre un problème posé.									
	Accepter l'interlocuteur et manifester un désir de coopération.									
	Écouter l'interlocuteur.									
	Prendre la parole pour formuler des propositions.									
	Tenir compte des propositions de l'interlocuteur.									
Interview	Construire un questionnement pertinent.									
	Respecter le mode de fonctionnement de l'interview : présentation, questions/réponses, congé…									
	Adapter son langage à son interlocuteur.									
	Écouter les réponses de l'interlocuteur.									
	Faire évoluer l'échange langagier.									
Récit oral	Raconter une histoire complète et structurée.									
	Vaincre sa peur, parler fort et distinctement.									
	Utiliser des organisateurs temporels.									
	Désigner de manière claire les personnages.									
	Insérer des dialogues dans l'histoire.									

Type d'oral	COMPÉTENCES	G.S.				C.P.		C.E.1		
		VU	ACQUIS	NON ACQUIS	VU	ACQUIS	NON ACQUIS	VU	ACQUIS	NON ACQUIS
Exposé	Présenter clairement des informations.									
	Introduire et conclure.									
	Parler suffisamment fort et distinctement.									
	Regarder les autres sans lire intégralement les notes prises ou les dessins.									
	Utiliser un matériel adéquat.									
Débat	Utiliser des arguments.									
	Développer et ordonner les arguments.									
	Combattre les arguments des autres.									
	Écouter l'interlocuteur.									
	Rester calme, éviter toute agressivité.									

Accord par le sens et non par la grammaire : le peloton vient d'arriver. Ils ont une heure d'avance *pour* il a une heure d'avance.
Adresse au public : *vous* devez être intéressés par ce problème.
Anciens jurons : ma foi, pardi, bon sang, mon dieu…
Bouleversement dans l'ordre de la phrase : pas facile, ce travail *pour* ce travail n'est pas facile.
Changements de construction : c'est ainsi que, remarquez même s'il avait voulu ça, il ne pouvait faire autrement.
Constructions interdites à l'écrit : il faut assurer. J'assume. Il faut savoir gérer.
Déictiques : c'est ça, c'est là…
Des phrases incomplètes sans principale : comment il fallait se placer. Ce que je devais dire.
Des phrases qui ne se terminent pas : enfin si c'est toi qui… (le penses ainsi).
Désir de parler de soi : on ne me fera pas croire que…
Éléments répétitifs : mon camarade, *il* m'a dit que…
Élision ou déformation de mots : j'l'ai dit *pour* je l'ai dit.
Expressions liées à l'oral : euh ! enfin... ouais, quoi, alors, ben…
Incorrections graves à l'écrit : c'est qui qui a fait ça ? *pour* qui a fait ça ?
Interjection : ouh ! aie...
Interruptions d'un autre parleur
Juxtaposition non organisée de mots, de propositions ou de phrases : on le lui a dit, il n'a rien voulu savoir, il n'a eu que ce qu'il méritait.
Mot emprunté à une autre langue : stressé *pour* énervé.
Mots changeant de catégorie grammaticale : elle est trop *pour* elle est extraordinaire.
Mots changeant de niveau de langage : le delco est nase *pour* le delco est irréparable.
Mots changeant de sens : elle est terrible ou elle est géniale *pour* elle est très mignonne.
Mots de registre de langue très technique : casting *pour* choix des acteurs pour un film.
Mots mutilés : sensass *pour* sensationnel.
Mots vides : truc, machin, bidule, bazar…
Non-inversion du sujet dans l'interrogative : tu penses à quoi ? *pour* à quoi penses-tu ?
Phrases sans verbe : marrant, hein ? la classe !
Reformulation : c'est comme ça qu'il, enfin il préférait voir les choses autrement.
Suppression d'un mot : je lui ai dit *pour* je le lui ai dit.
Suppression de la première partie de la négation : j'avais pas vu *pour* je n'avais pas vu.
Tics de langage : j'vous dis pas, super, vachement, bonjour les dégâts, merci bien, penses-tu…

Conception couverture : KUBE
Conception intérieure : B. Loste
Illustrations intérieures : Thierry Laudrain
N° d'Éditeur : 2004/428
Dépôt légal : mars 1999
Achevé d'imprimer en septembre 2004
par Pollina s.a., 85400 Luçon - n° 94695